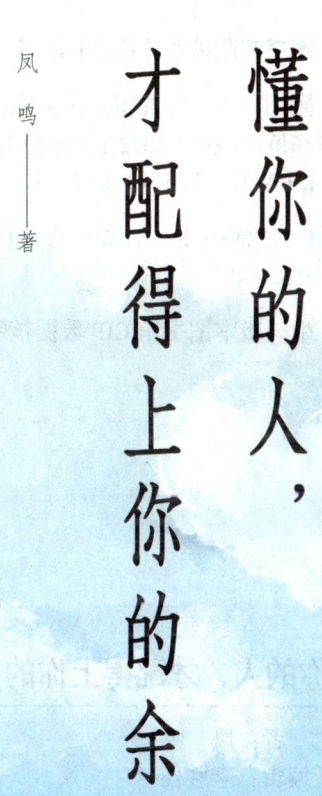

懂你的人，才配得上你的余生

凤鸣 著

中国华侨出版社
·北京·

图书在版编目（CIP）数据

懂你的人，才配得上你的余生 / 凤鸣著 . -- 北京：中国华侨出版社，2022.1（2023.12 重印）

ISBN 978-7-5113-8575-8

Ⅰ.①懂… Ⅱ.①凤… Ⅲ.①爱情 – 通俗读物 Ⅳ.① C913.1-49

中国版本图书馆 CIP 数据核字（2021）第 152108 号

懂你的人，才配得上你的余生

著　　者：凤　鸣
责任编辑：李胜佳
封面设计：韩　立
文字编辑：许俊霞
美术编辑：潘　松
经　　销：新华书店
开　　本：880mm×1230mm　1/32 开　印张：8　字数：170 千字
印　　刷：河北松源印刷有限公司
版　　次：2022 年 1 月第 1 版
印　　次：2023 年 12 月第 3 次印刷
书　　号：ISBN 978-7-5113-8575-8
定　　价：46.00 元

中国华侨出版社　北京市朝阳区西坝河东里 77 号楼底商 5 号　邮编：100028
发 行 部：（010）58815874　　　传　　真：（010）58815857
网　　址：www.oveaschin.com　　E - m a i l：oveaschin@sina.com

如发现印装质量问题，影响阅读，请与印刷厂联系调换。

序

所有的岁月
都是厚待

今年夏天，表姐一家三口从广州来北京旅游，为了带她儿子散心。她儿子小学升初中的考试没考好，然后去了一家香港的国际学校就读，一年学费三十万。

在颐和园，我替这一家三口拍照时，觉得他们生活真是幸福。

表姐早早地嫁给了姐夫，当时姐夫自己创业开公司。后来，两个人一起奋斗，将分公司开到了浙江、上海和香港。现在，还准备开到北京来。

我一度很羡慕我的表姐，非常非常羡慕。

在我磕磕绊绊为事业奋斗打拼，为爱情黯然神伤的漂泊岁月中，表姐该有的都有了。事业蒸蒸日上，家庭幸福美满，已经是人生赢家好多年，大概是我一辈子都要望尘莫及的对象。

不得不承认，岁月有时候会偏爱优待一些人。

这种优待，总是很显而易见的。

但有时候，岁月给予的另一种厚待——伤痛与磨难，大家往往并不愿意承认。日后某天，才会恍然大悟，那其实是人生最好的奖励。

只是，起初大家并不是很明白，也不十分乐于接受这种厚待，比如我。

于是，我想不通，为什么命运独独这般对我，让我尝尽怨憎会、爱别离、求不得。

那种状态持续了大半年，我已经快到了走火入魔的地步。

情况开始好转是我旅行回来后找了份新工作。

这是我一直梦想的公司，还有一群特别可爱善良的同事。

自此，生活好像打开了一个口，忽然之间，我头顶那片灰蒙蒙的天空就那么蓝起来了。

我也回到了正常轨道之内，面对各种意外与伤痛都不再心有所戚，能坦然接受，并想办法解决。再也不似之前"一头扎进那美丽的忧伤，一边拼命往里钻一边喊救命"。

慢慢地，我的心中好像有了一个舒适安全温暖的壁垒，当觉得会被伤害或者现实哽咽住喉咙尴尬着的时候，我便默默退回那里自我疗伤，遥望头顶星星闪耀的夜空。

目录 CONTENTS

I 如同少年,不惧岁月长

没有谁会在原地等谁 2

左岸咖啡,右岸人生 8

适度虚荣,也是一种人生态度 13

你能想到的所有都是理由 20

爱情里的那些势均力敌 24

原谅岁月,也原谅自己 31

那些年,一个人走路 36

一生四年,四年一生 41

把时间留给那些重要的人 47

II 时光流转，不过相遇一场

没有在一起也好 54
爱情的世界中哪有输赢可言 59
早上五点人生已散场 64
世间哪得双全法 69
这世间总有一人，为你而来 76
他其实没那么喜欢你 81
你是等不回来那个人的 86
分开后才发现是深爱 91

III 世间所有美好，都恰逢其时

爱情开始的时候，离开 100
比美人迟暮更糟糕的是自我放弃 104
生而在世，我很抱歉 109
爱，是不离不弃的陪伴 114
轻易得到，也能轻易失去 120
你还是你，你也不再是你 125
你走了，你还在 131
你终将成为你梦想中的样子 135

没有什么值得用生命去冒险 139
电话响起的那刻心最安 145

IV 哪怕山高水长，总有人为你而来

轰轰烈烈不如惺惺相惜 152
生活多美好，只因有你们 158
愿这个世界没有将就 163
谢谢你曾路过我的生活 169
最好的，总在不经意间出现 176
那件疯狂的小事叫爱情 180
离开是必然的 想念是不断的 187
做自己的螺丝小姐 193
有些事现在不做，一辈子都不会做了 199

V 你与星河，皆可收藏

时光微凉人安好 208
把过去留在过去 213
世界那么大，也只剩我们相依为命 217
感谢你让我成为更好的人 222

最难习惯的，莫不是离别 226
有些故事里 你并不是主角 231
学会与自己握手言和 239

如同少年，不惧岁月长

I

在漫长的岁月中，永远也不过是一瞬，未来也像从前，一切都仿佛似曾相识。然而，挽留不住时间，我们只能挽留记忆；无法把握过往，我们只能珍惜当下。那轻描淡写的岁月，其实都值得纪念。

没有谁会在原地等谁

　　艾瑞出席某时尚品牌的开幕酒会时才知道秦桑离婚的事。

　　当天,与他一起参加酒会的还有影片刚上映的新生女演员,外界风传女演员与导演之前内定的实力派女星 Alisa 不和,原因是女演员带资入组,挤走了 Alisa 饰演女一号的机会。

　　但是,现场娱乐记者们撇开女演员,全部将目标锁定艾瑞,告诉了他一个晴天霹雳般的消息——秦桑离婚了。

　　"秦桑离婚的事是真的么?"

　　"你知道秦桑离婚的真正原因么?是不是她老公家暴还出轨?"

　　"作为秦桑的绯闻男友,你怎么看秦桑的离婚?"

　　"他们婚前有签协议吗?财产如何分配?"

……………

娱记们的问题一个接一个,把艾瑞说得云里雾里,不知如何作答。现场工作人员不得不上前示意,拒绝回答与品牌或酒会无关的事情,才使他从中脱身而出。

艾瑞上一次见秦桑,是什么时候呢?

哦……是她的婚礼上,在长滩岛,世界上最美的沙滩之一。他是伴郎,是新郎的好哥们儿、新娘的男闺密。

婚礼结束后,他们就一直没联系过。两个绯闻对象,一个已经结婚尘埃落定,开始享受甜蜜的婚姻生活;另一个忙于背剧本拍戏,借酒消愁。

生活早在长滩岛上秦桑说出"Yes, I do"(我愿意)时就开始出现了分岔路口,一个向左,一个向右,越走越远。

也没有什么理由继续过去的熟稔了。

打打闹闹,开开玩笑,那都是结婚前的事。男未娶,女未嫁,何况两个人一直被经纪公司努力打造成荧屏情侣,以获取更大的粉丝效应。

如今,朋友约出来一起玩都要尽量避讳了。狗仔队无孔不入,谁也不知道第二天会不会上头条,标题叫作"××撇下老公,私会绯闻男友"。

秦桑宣布订婚时,一大批粉丝在艾瑞的微博下评论。有的替他可惜，有的祝福他也早日找到那个她，还有的怂恿他在秦桑婚礼上携新娘私奔。

好像他们真的是情侣，因种种原因，女方选择了另嫁他人。

面对不明真相的粉丝，艾瑞哭笑不得。

其实，他是一直默默喜欢秦桑的。媒体问起两人的绯闻时，他从来都不否认，有礼有节地微笑，一方面是为了配合公司的安排，另一方面他自己倒是很愿意两人就这样一直被误解下去。

有一年圣诞节，两人在法国拍电影，收工时去酒吧喝酒，艾瑞借酒壮胆跟秦桑表白。秦桑直接回了句："喝多了吧，发什么酒疯？"

此后，艾瑞绝口不提此事。

艾瑞和秦桑都是国内最好的艺术院校毕业的，四年同窗。

有年冬天，秦桑在回学校的天桥上被人抢劫，吓得半死，准备直接把钱包丢过去时，看到正好经过的艾瑞，抓起他的手就飞奔而走。

因为此事，秦桑对艾瑞感激不尽，两人成了无话不谈的知己。

大四的时候，艾瑞因为主演过几部晦涩难懂的小众文艺电影磨炼了演技，后来出演热门的电视剧一炮而红，戏约不断，被媒体评为内地当红小生。

而秦桑的演艺事业却一直没有起色，也拍过几部戏，但都是不讨好的反面角色，她一个不知道要排到女几的配角，在众美女主演之中自然泯然众人矣。

有一次艾瑞与某位知名导演吃饭，碰巧遇见了秦桑，便把秦桑介绍给了导演认识。

后来，导演准备开拍新戏时，作为男一号的艾瑞极力推荐秦桑。在他的努力下，导演答应给秦桑试镜女一号的机会。

于是，有了那部红得发紫的剧。艾瑞与秦桑成了当年最受欢迎的荧屏情侣。

后来，两个人又一起出演了多部戏，戏中都是情侣，被粉丝高呼"在一起"。其实，艾瑞早在大学时就爱上了秦桑。不然，也不会费劲给她介绍各种圈内资源，一心帮助她的事业。只是碍于公司规定——现阶段不能恋爱，才忍住没向秦桑告白。

不知道秦桑是否察觉出了艾瑞的心思，或者知道，只是装作不知道。

很不幸，这条暗恋之路中途杀出了个程咬金，这程咬金还是艾瑞自己介绍给秦桑的。在某个慈善晚宴上，艾瑞将自己一富二代好哥们儿介绍给了秦桑。

后来，没过几个月，富二代好哥们儿成了秦桑的老公。

现在，又成了秦桑的前夫。

知道秦桑离婚的消息后，艾瑞一直打电话给她，但无人接听。后来，还是从秦桑妈妈那儿知道她飞去了美国疗伤。

他向剧组请了几天假，订了最近的航班去美国。艾瑞也不知道为什么要这样做，只是想到秦桑一个人暗地里流泪他就揪心。他希望在她身边，在她最伤心难过的时候，能伸手替她擦擦眼泪。

他在美国见到秦桑时，才发现外界传言的家暴是真的。为了掩盖伤痕，大夏天她还穿着长衣长袖。

手上的戏拍完后，艾瑞推掉多部戏和代言活动的邀约，给自己放了三个月的假，飞去美国专门陪秦桑喝酒聊天解闷，带她去旅游，还学做甜点给她吃，带着她走出离婚的痛楚。

在美国疗伤半年后回国的秦桑，原本蒸蒸日上的演艺事业一落千丈。落井下石的媒体对她冷嘲热讽，经纪公司嫌她是个离婚的女人形象不好，好资源都不给她。

艾瑞开始自立门户，筹建自己的个人工作室，打算将秦桑签到自家工作室门下，动用一切资源全力捧秦桑，改变她被选择的境地。

工作室还没建成，秦桑却跟一个法籍华裔导演好上了，结婚后定居在了法国。

几年后，艾瑞早已成功转行，离开娱乐圈，自己开了公司，事业风生水起。

这些年间，艾瑞再也没见过秦桑。

他尊重她的选择，希望她过得好，仅此而已。

大家都有各自的生活，一个在地球的东方，一个在地球的西方，这边日出，那边日落，毫无交集。

这样挺好的。

去年，艾瑞在结婚前一天，又突然接到了秦桑的电话。他很惊讶，断了联系多年，她又是如何知道他的号码的。

电话中的她哭哭啼啼地说起自己的境遇，老公投资失败，房子车子都做了抵押，已申请破产，两人开始办离婚手续。

她断断续续地问，是不是还有机会去他的工作室。

沉默了半晌，艾瑞幽幽地说：秦桑，我要结婚了。

随后，传来秦桑抱歉的声音：不好意思，打扰了，祝你结婚快乐，再见。

每个人都知道要轰轰烈烈地投入新生活中，却又奢望别人始终站在原地，随时等自己转身，在悲伤时、难过时、伤心时。

可是，这个世界哪有那么好的事呢？

没有谁会一直在原地等谁。

等得久了，心也会累。

左岸咖啡，右岸人生

塞纳河被誉为巴黎的生命之河，它蜿蜒穿过巴黎市中心，河以北称为右岸，河以南称为左岸。

右岸有着新兴商业的繁华气质，而左岸则林立着许许多多的咖啡馆。无数的文人艺术家，不是在咖啡馆，就是在来咖啡馆的路上。

"他是萨特，和一名叫作西蒙娜德·波伏娃的女子在咖啡馆里酝酿存在主义，也酝酿爱情；他是雪莱，追逐着爱情，累了，坐在咖啡馆里歇脚；他是海明威，坐在窗边透光的那一张桌子旁，写《老人与海》，也写心情；他是伏尔泰，正在品尝他今天的第三十九杯咖啡，同时，也列出王室不合理的第二十个理由。"

文人墨客在左岸咖啡馆写作、阅读、创作，思想与咖啡碰撞融为一体，为左岸带来了一种全新的人文气质。

文化艺术气息浓厚的左岸，也因此成了一种精神与情怀的象征，渗透整个巴黎、法国，甚至全世界，蔓延世人。

我喜欢咖啡馆，不仅仅是因为那醇香浓郁的咖啡、安静温暖的环境，更多的是因为咖啡馆里的人。那些你完全陌生的人，某个时空，你们在咖啡馆相遇，或是买咖啡时匆匆一瞥，或是一杯咖啡的聊天，抑或仅隔一桌的无意之听。

一杯咖啡的时间，你看到了很多很多不同的人生。

在左岸享受咖啡，在右岸观看人生。

不知道从什么时候开始，近半年来，我每周六都会固定地去离家三站远的巷子里那家咖啡馆。

店主是对夫妻，都是四十来岁。女主人曾经是设计师，后来旅居法国十余年，在冰岛旅行时认识了男主人，再后来结婚定居法国。几年前，两人回国开了这家法式风情的咖啡馆。每个周六的夜晚，咖啡馆还会放映一些欧洲小国的小众文艺电影。

这大概是每个女文青的梦想，在旅行途中认识另一半，看遍世间繁华，然后隐居一隅，开一家属于自己的咖啡馆，亲手调制每一杯咖啡，用彩色粉笔写下每一道菜谱，看来客安静看书写作，定期举办电影或读书沙龙，和大家分享喜欢的影片与书籍。

每次来咖啡馆，那个兼职的小姑娘甜甜

的笑容，都能融化掉我一周的坏情绪；老板娘亲手做的烟熏培根蘑菇意大利面奶香扑鼻，正好能慰劳我那粗糙的胃；还有曾经在越南旅行时才能喝到的滴漏咖啡，是这里的特色。

半年的时间，我在不知不觉中与咖啡馆里的每个人都熟稔起来。

客人不多时，兼职的小姑娘会找人聊天，有时和我，有时和别人，但大多时候是默默地看书。

她从大一开始在这里兼职，快四年了。朋友都在逛街，看电影，和男朋友约会，她每周做两份兼职，自己养活自己，没有找家里要过生活费。

她交过一个男朋友，后来因为男朋友的妈妈瞧不起她的家庭条件而分手。上个月去咖啡馆，老板娘请我们吃蓝莓曲奇饼干，庆祝她拿到了美国排名前十的宾夕法尼亚大学的全额奖学金。

那天，是她在咖啡馆上班的最后一天，也是我看过她笑得最甜的一次。

今天，我看到老板娘正把她从美国寄来的明信片贴在咖啡馆小走廊的墙上，她感谢每一个人，感谢在咖啡馆的每一刻时光，这个地方，被她称为家。

明信片上美国的秋天，枫叶红了，银杏黄了，晚霞温柔而妩媚，和北京的秋季一样美得让人心醉。

在大洋彼岸的她，想必也过得不错。

有一对情侣，每隔两周就来这里，通常都是晚上五六点。两个人甜蜜得不行，喝咖啡都是你一口我一口。

有一次，我坐在旁边靠窗的沙发上，听到他们聊天。

"你的梦想是什么呀？"女生问男生。

"赚钱养你！"

女生甜蜜地给他一个吻："我也是！"

这是我听过的最美的情话，虽然不是说给我的。看着他们，你会忍不住在心里羡慕，自己的那个他怎么还没来。

后来有一天，这个男生在咖啡馆向女生求婚了，用的是那种很朴素的白金戒指。

一个圈圈，一只手，一段美丽的人生。

还有几个男生，刚从海外留学回来，每次来只喝不加糖不加奶的黑咖啡。他们常常一坐就是半天，热烈地聊着一些别人听不懂的金融话题。

突然有一天，他们请咖啡馆里的每个人喝咖啡。

那一天，他们创业的公司刚刚获得千万美元的融资。

这家咖啡馆，像个不动声色的温柔老人，见证了好多的人生。

有人在这里告白,有人在这里求婚,有人在这里分手,有人在这里写创业计划书,有人在这里写辞职信……

不知道多年后的她、他、他们,是否还能记起这家咖啡馆。曾经,生命中很多值得纪念的日子,也许他们自己都忘了,可是咖啡馆帮他们记住了。

阿牛曾自导自演过一部电影《初恋红豆冰》。电影海报上有一句话很打动人,初恋就像红豆冰,转眼即融,能回味的,是藏在心里略带青涩的甜。

在这个故事中,阿牛暗恋李心洁,但胆小的他只会凭画寄情;品冠酷爱笔挺装扮,整日唱歌耍帅,被阿牛的胖妹妹暗恋;痞子曹格撩是斗非,最后却爱李心洁爱到发狂;梁静茹则一味含情脉脉地喜欢阿牛。

后来,随着一场雨,大家各自离开了小镇。有人去外面追求音乐梦想,有人去外面追求咖啡店梦想,有人去寻找父亲,有人外出求学。

沧桑的小镇,成了他们回不去的地方。

剧中阿牛家的咖啡店靠窗的位置,有个老头儿每天都念叨着要回大陆看他的老婆。后来有一天,街角突然响起了哀乐,梦想着回大陆的老人就那么离开了。

第二天，咖啡店靠窗的位置又出现了新的面孔。

看到这个画面时，我哭得稀里哗啦。

时光总是那么苍凉，现实总是那么无奈。

今年三月，一个阴雨绵绵的周日，我接到一个朋友的电话。那时的他，就在马来西亚怡保几公里之外的小镇，这个故事拍摄的地方。

他在电影中那个破旧的咖啡馆里，喝着依然卖一块四一杯的咖啡，跟我絮絮叨叨，问我过得好不好。

他说，对面就是那面蓝灰的斑驳的墙，故事开始的地方。

左岸是咖啡店，右岸是人生。

三周后，我收到他寄来的明信片，明信片上的图片是那面斑驳破旧的墙；还有一袋马来西亚怡保白咖啡。

适度虚荣，也是一种人生态度

Instagram（一款图片分享的社交应用软件）上有个荷兰女孩吉拉分享了多张她在东南亚旅行的照片，在泰国海岛潜水，参观寺庙，在曼谷街头坐嘟嘟车，住东南亚风格旅馆，尝试泰

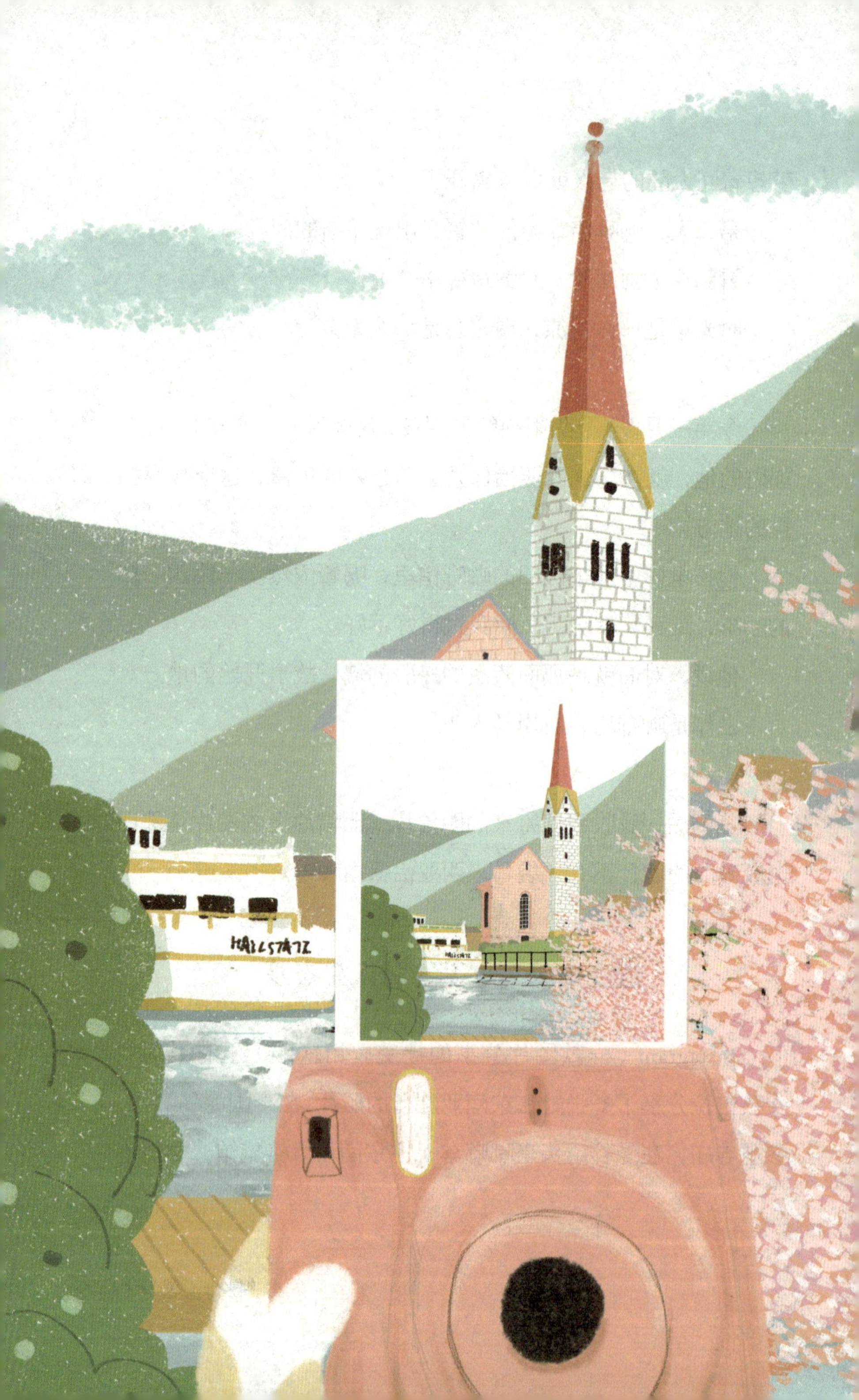
HALLSTATT

国路边美食……

看到这些照片，对于她在东南亚旅行这件事，朋友和家人都深信不疑。直到她对家人说出真相，大家才明白被骗了。那些照片其实是她躲在自己在阿姆斯特丹的卧室里PS出来的。

其实，这个善意的"谎言"是吉拉大学毕业设计的一部分。为了证明Facebook等社交媒体上的定位信息和照片并不一定能反映人民的真实生活，她详细地设计了整个"旅行"方案。

她在Facebook上发布自己将要去东南亚旅行的消息，定时在Instagram上发布新照片，写书介绍她的旅行，半夜发信息给朋友和家人，将自己的房间装扮成泰国的酒店，买一些东南亚风格的纪念品送给朋友和家人。

除了从始至终都了解这个计划的男友外，没有人能看穿她的"谎言"。

"我做这些是为了告诉人们，我们可以巧妙地修改上传到社交网络的信息，然后每个人都可以在网上创造一个不同于现实的完美人生。"吉拉说。

能拥有不同于现实的完美生活，听上去多让人心动啊！就像你可以随便按一个按钮，一股神奇的力量就能立刻带你飞抵理想的圣土，那里面朝大海，春暖花开，风景温柔。

现实生活的苦不堪言，平淡无奇，无聊透顶，在网络社交媒体上都像蒙上了一层魔幻的滤镜，继而变得五光十色，活色生香。

有一种生活，叫 Instagram。有一种生活，叫微信。

这种生活还有另一个人们耻于说出的名字，叫虚荣。

有个朋友最近在微信朋友圈频频发一些与老外游玩吃饭的照片，并配之以煽情的文字，极言这位外籍男士对她如何绅士、如何风度翩翩，彼此友谊之真之诚多么动人，点赞者不计其数，评论更是让人看得眼花缭乱，想入非非，暧昧不已。

在一个外国人鲜少出现的三线小城，这种和老外结伴而游促膝谈心的行为，能惹得一众人等羡慕不已也在意料之中。

可当我们知道实情的那一刻，便只差眼珠子没掉下来了。用如今流行的网络用语来说，那也真是醉了。

和朋友聊天说起这个女生，她向我们吐槽不断，真是受不了她了。

原来，那俩外国人来她朋友所在的学校游学两个月，是她朋友的朋友。朋友带外国友人游玩，也拉上她一起。于是，大家一起游玩几天，算是认识了。因为语言不通，聊天以小学生都会的几句英文问候一番，然后大家你看看我我看看你大眼瞪小眼，结果却演变成了她与老外朋友的情深似海、心心相印。

虚荣的力量果然强大。

为了获得来自朋友或陌生人的一个赞，一句"你好幸福，好羡慕你",为了营造一个别人眼中可望而不可即的完美人生赢家,很多人都会在社交媒体上晒男朋友送的名牌包包,晒自己在星巴克喝咖啡,晒自己的土豪男朋友,晒自己在某个富丽堂皇的餐厅吃的西餐。

你不知道的是,名牌包包是朋友自己买的,她只是借来拍照而已,去星巴克是当跑腿给领导买咖啡,男朋友就是普普通通上班族,好不容易咬咬牙去精致餐厅吃一顿饭也只点最便宜的比萨,甚至不知道如何使用刀叉。

一个在现实世界中默默无闻,甚至千疮百孔的人,也许在社交媒体中是人人艳羡的对象。

"每个女人内心深处都埋藏着一颗虚荣的种子。"

这话一点也不假。世界上大概也找不出一个不虚荣的女人。

我们都耻于承认自己虚荣,听到别人用虚荣评价自己时,必定据理力争,直到对方哑口无言俯首认输为止。这个叫虚荣的标签,被当作洪水猛兽,人人避之唯恐不及。

但是虚荣也有高有低。

有些女人的虚荣在于一个爱马仕 Birkin Bag、一件香奈儿小黑裙、一次韩国济州岛之旅、一次五星级酒店的住宿体验、一部新款手机,或者一套房子与一辆车子;而有些女人的虚荣却在于不断挖掘自身潜力挑战极限，在于事业的成功，在于自我价值的实现，或是在于能为这个社会做一点点有用的事。

Estelle 现在是某跨国服装公司的品牌总监，业内最负盛名的品牌推手之一。她一手将毫无知名度的服装品牌打造成了世界上最流行的轻时尚品牌。

可在刚工作时，她仅仅是某广告公司的前台。身高虽然不及模特，但胜在身材比例好，小细腿又白又长，精致的日系妆容，堪称该公司史上最漂亮的前台。

有一次，公司同事跟某外国客户开会，她帮忙泡咖啡。当她端着咖啡进入会议室时，策划总监正站在投影机前方，用流利的英文跟客户讲述整个广告策略，台下的客户像听一场音乐会般投入。

那一刻，Estelle 心中燃起了无数的小宇宙。她觉得策划总监的工作真是太高大上了。这样落落大方、有条不紊地跟外国客户提案，才是她梦想中工作的样子。

她想要成为这样金光闪闪的人，这样站在众人面前获得大家认可鼓掌赞美的人。

这是她的虚荣。

她不再甘心只做公司前台，策划总监成了她心中所描绘的职业蓝图的最顶端。

做前台不到半年,她便主动去以严厉闻名的某女总监办公室毛遂自荐想做策划,那时刚好总监下面的策划师辞职了。于是,Estelle迈进了策划的大门。

Estelle用十二年的时间从最初级的策划师升为策划总监,她服务过无数个全球客户,在一大帮老外面前侃侃而谈,骄傲地述说自己的策略与创意,在无数的行业盛会上获奖。

后来,她被现在就职的公司高薪挖走。

两年前,她为这个轻时尚品牌创想的一个深度挖掘女性消费者内在力量的概念,荣获某权威机构颁发的杰出贡献奖。

站在领奖台上的Estelle举着奖杯,笑容灿烂地向大家致谢。她说,她最要感谢的是自己的虚荣。正是那别人耻于说出的虚荣,成就了今天耀眼全场的她。

亦舒写:虚荣会不会有报应?

要是你真够虚荣,并且愿意努力争取,你的"报应"是名利双收,万人敬仰。

那些能让你从内而外变得更好的虚荣,请不要耻于说出口。如果他人聊起,你可以大胆地说,我就是想这样,我就是要成为那样的人,而且你看,我在为此不断努力。

没有人不会为你鼓掌。

你能想到的所有都是理由

《红楼梦》中的王熙凤，粉面含春威不露，丹唇未启笑先闻。

而子析姐，虽未见其人，却总能先闻其高跟鞋"噔噔噔"之声。

作为客户总监，子析姐每天都身着剪裁得体的优雅套裙，脚踩十厘米的高跟鞋，妆容精致无懈可击，搭配一头波浪卷长发，风情十足。

似乎，优雅、知性、干练这些词就是专为她而生。

在子析姐手下工作两年，最喜欢那个在与客户的例行会议上，面对质疑，操着一口标准的伦敦腔英语，三两句就让英国客户信服的子析姐，迷人得不得了。落落大方，聪慧敏捷。即便已三十好几，没有男朋友，依然能将自己经营得有声有色，生活过得风生水起。

像子析姐这样光鲜靓丽的百分百女人，我以为生活从来不舍得亏待她。

毕竟，谁会忍心看一个美人黯然神伤呢？

上个月，公司收到某奢侈品牌大中华区的比稿，为了打赢这场硬仗，大家天天开会到深夜，忙得焦头烂额。

比稿前一周，半夜十二点，公司人都已下班。我收拾好东西准备离开，经过子析姐办公室时，才发现她不太对劲，脸色红得特别不正常。摸她额头，烫得厉害。拿温度计给她量体温，结果，高烧三十九度。

任我百般劝说，子析姐都坚持不肯去医院。"不是什么大事，回家休息睡一觉就好了。"子析姐无所谓地说道。

不知怎么，越是这样佯装坚强的子析姐，越让我觉得她内心落寞、无助，忍不住怜惜。

不理她的话，让出租车司机直接送我们到医院急诊。排队挂号、检查、缴费、输液，折腾了一宿，等送子析姐回家已是凌晨五点左右。

很奇怪，没有男朋友的子析姐，家里却有很多小孩子的照片。虽心生疑惑，但人家的私事，尤其是上司的私事，最好还是收起自己的好奇心。这点，我还是有自知之明的。

第二天，这件偶然引起我好奇心的小事，在心中掀起一团涟漪后，又恢复了平静。比稿日益逼近，其他诸事早已抛之脑后。

拿下比稿的那个晚上，子析姐请大家集体去酒吧庆祝。

退去了平日办公室的拘束，又赢得了比稿，大家自然兴奋，high得无所顾忌，喝起酒来更是没有节制。暧昧的灯光下，空气中都弥漫着浓厚的酒精味道，真真是把酒言欢，人生几何！

感冒刚刚好点的子析姐也喝了不少，有点醉了，意识却清醒得很，跟跟跄跄地去洗手间。我担心她摔倒，就扶着她。在洗手间的走廊里，却分明听见子析姐在低声地啜泣。

外面，音乐声、嬉笑声、嘈杂声混杂在一起，而这个安静的角落里，子析姐却开始絮絮叨叨地向我说起她心中封存已久的那段恋情。

我想，她一定是想起了什么，心中太难受了，才会急切地想要跟人倾诉。

刚入职场的子析姐，初生牛犊不怕虎，在与客户讨论时，非常大胆勇敢地提出了不同的观点，震惊四座，导致子析姐留给她总监的印象是鲁莽。工作中，总监有时会故意为难她。

个性要强的子析姐，越是为难的事情，她越要漂亮地完成。于是，她非常拼命地学习，每天都是最早上班、最晚下班的那个。好几次，她中午在茶水间看书都被总监撞见，总监开始对这个倔强的女孩有了好感。

在子析姐努力证明自己，不想被瞧不起的日子里，两个人之间的关系变得十分微妙。

办公室恋情发生了。

在和总监的甜蜜爱恋中,从未进过厨房的子析姐每天早上都会变着花样为总监准备早餐,并与心爱的人一起享用,那是子析姐一天美好心情的开始。周末,子析姐和总监在电影院被同事看到,两个人的关系也随之公开。

公司曾明令禁止办公室恋情,为了爱情,子析姐很果断地选择了辞职。

某位心理专家说,恋爱必经四个阶段:共存、反依赖、独立与共生。但大部分人都过不了第二或第三阶段。

子析姐和总监亦如此。

总监提出了分手,因为他手下刚毕业的稚嫩女大学生锲而不舍地追他,新鲜感完胜熟悉感。

分手没多久,子析姐却发现自己已怀孕三个月。医生建议子析生下孩子,因为她身体过于虚弱,以后再怀孕可能机会渺茫。

子析姐告诉总监自己有了他的孩子,但又重陷恋爱中的他根本不想要。

无奈之下,子析姐最后选择飞去美国生下孩子,做了单亲妈妈。

"事情过去还没几年,现在回想起来却像上辈子发生的。"子析姐幽幽地说道,脸上有着明显哭过的泪痕。

哭着的子析姐,都是那么美。

但又有什么用呢?美丽留不住那个人,付出也留不住,甚至孩子都留不住。

不爱你了,只会想离开。

那时,你能想到的所有都是理由:不爱你的理由,离开你的理由。

爱情里的那些势均力敌

上周生日,爸妈的电话如闹铃般提醒了我,不然我都会记错日期。下班前收到了朋友寄过来的红丝绒蛋糕,几个好朋友热情地为我唱生日歌。

那一刻,心里甜甜的,觉得好满足,即使这段时间过得又心塞又难过。

以前过生日总是怎么热闹怎么来,如今却只想和爸妈或者三两好友安静地庆祝。

不知道是不是因为一年年变老,开始对生日有点躲避,希望那个日子不要来临,或者不要那么快地来到,提醒我:哦,你在迈向三十岁的途中又进了一步。

以前觉得十八岁是扇门，热烈欢喜地朝它奔去；后来二十二岁变成了一道坎，磕磕碰碰；再后来二十五岁成了一个可见的边缘，等着你跨过；然后三十岁又在那个山坡上翘首等着你。

表示年纪的那个数字一旦过了某个临界点，内心的惶恐与不安也会成正比地增加。

刘瑜曾说她默默地焦虑着，自作多情地为每个人伤感。每个人的心里，有多么长的一个清单，这些清单上写着多么美好的事。可是，它们总是被推迟、被搁置，在时间的阁楼上腐烂。为什么勇气的问题总被误以为是时间的问题，而那些沉重的、抑郁的、不得已的，总是被叫作生活本身。

每年生日，我都会诚挚地有所期盼，虔诚地许下种种美好的愿望。在这春天短暂的城市，我的梦都会做得特别的长，长到一路直奔深秋，长到次年的又一次循环往复。然后，郁郁寡欢，心有所愧地接受那个事实，所有的期盼业已成空。

这些期盼像一场无疾而终的暗恋，最终空空如也。

我曾经特别喜欢一个老师，喜欢到想和他结婚、为他生孩子的程度。全班同学都知道我喜欢他，喜欢得不可自拔。只有他不知道。

老师一点都不帅，长得也不高，但是有种温文儒雅的气质。后来，我才觉悟，稳重而儒雅如他，不知要经过多少岁月的积累和沉淀。这样的人像一本厚重的书,而我必然是永远也翻不完的。

　　他第一次给我们上课时,我就痴迷上了他。尤其喜欢看他双手交叉做思考状,能清晰地看到他的手,骨节分明,白皙干净。他总是身穿黑色正装,一手拿着蜂蜜柚子茶,一手提着电脑,步伐稳稳地走进教室,然后对大家温和地笑。

　　每次在他的课上,我都坐在离他最近的那个座位,不眨眼地看他。他讲的课晦涩难懂,一点都不吸引人,认真听课的人寥寥无几,很多人都在做自己的事,但我会特别认真,生怕错过他每一个细微的表情,比如皱眉头。

　　他喜欢斜靠在讲台旁拿那瓶饮料作道具举例子,有时和我们开一些无伤大雅的玩笑,面对我们的肆无忌惮,他从不说什么,最多就是无奈地笑。

　　我爱死了他笑的样子,不管是温和的笑、无奈的笑,还是开怀的笑。我常常异想天开地奢望,他有一天能单独对我一个人这样笑。

　　那样我也就拥有了全世界,因为他就是我的全世界啊。

　　我总是在寻找一切接近他的机会。

选修课必然选修
他的课，没课的日子偷偷跑
去学妹的教室蹭他的课，每逢节日
班级给老师送礼物和花，我总是自告奋勇
地揽下这些活。

　　记得第一年元旦前一天上课，我把礼物交到他手里
时，心里"怦怦怦"跳个不停，之前想好的台词因为紧张而忘记，
只知道傻笑。本来也许能在他心中留个好印象的机会，竟是没
能把握住。

　　后来，我想跟他表白。

　　我去各地旅行，必定会寄一张明信片给他。落笔前给自
己打气，一定要写上冯唐的那句"春风十里，不如你"。我想
他肯定明了，但最后总是简单的一句"祝老师一切都好"。

　　明信片寄了好多张，一张都没有倾诉衷肠的情话。

　　大三结束后的那年暑假，我全心全意准备雅思，没有实习。

后来，学院要求的实习证明，他说他自己的公司可以帮我们考研或出国的同学开。

去他公司拿实习证明的那天中午，我朋友特意帮我化了个妆，那几乎是我大学中第一次化妆。我在他公司外的楼梯口等他，始终都忘不了他见到我时的表情，有点惊艳，不敢相信。他夸我：今天好漂亮。

我开心得差点晕倒，几乎脱口而出：老师，我好喜欢好喜欢你，喜欢得不可自拔。但他的员工叫他的声音把我从胡思乱想的状态中拉了出来。

毕业时，每个同学都写了一张小卡片送给老师。我给他的那张卡片上，写着一句尼泊尔语："ma tumilai maya garchu,ma timilai man parauchu"，那是"我喜欢你"的意思。

最后聚餐的那晚，他临走时把我们送给他的花又转送给了我。四年里，那么多节日，送了那么多次花给他，第一次收到他的花。

我明白，那束花是最好的回绝，回绝我这一路的默默喜欢。

大家在餐厅门口和其他老师话别，我在他旁边站着，想到毕业以后再也无法见到他，独自哭得泣不成声。厚脸皮地想跟他拥抱告别，他给了我一个长达一分钟的拥抱，拍拍我的后背安慰我。

那一刻，我希望时间就此停住。

那是我此生离他最近的时候，距离他的心几厘米，但永远都走不进去。

有些爱，终究是没有结果的。

那天接到一个电话，是曾经喜欢我的一个男生打过来的。那次一个半小时的电话，是时隔十年之后，我们说得最久的一次。

如果不是他说十年了，我都没想到真的就十年了，一年，两年，三年……十年，我只知道，时光终是难以回到从前。

他一直在诉说，低沉的嗓音里永远带不走那份无奈，从我认识他，我又转校，流转至今十年，这是我见过他最善谈的一次。

好多好多的话，是需要勇气才能说出来的，我知道，也懂得。其实，我应该感谢他，让我明白自己过往的岁月中不是单调的黑白色，在黑白之间还藏匿着彩虹。

现在，回忆往事，回忆那两年的时光，还记得我们同桌的日子，还记得他在讲台上为我唱歌的样子，还记得他打乒乓球的样子，也只记得这些了，仅仅这些。

转校后，我没有联系过他。这十年里，我的生活一直那样不温不火，关于他的种种，我完全不知道，也没听说过。

他的心意，我都了解，只是没有想到会那么深入，没有想到会那么长久。那天他说的时候，我不知道该怎么回应，唯有沉默。

我没有去留学，他为此想了三个晚上，他希望我去，真的希望，他明白那是我的梦想，懂得我心里最想追求的是什么。我说没事，已经想通了，结果他那句"我还不知道你吗，表面上非常坚强，其实内心柔弱得很"便把我弄得眼泪直掉，不知道究竟是该高兴还是该心酸。

我在微博上说想念家乡的特产，他就买了邮寄给我；我曾提及要听他唱歌，他就真的把歌录好让同学发给我，但没有告诉我是他唱的。

其实，我听到那声音就知道是他。我的生日，他永远记得如此清楚；他嘱咐我要好好照顾自己，不要感冒，风大就别外出；他在每个不管是隆重还是平淡的节日里都会发短信祝福我，虽只有短短几个字；他一直告诉自己不要打扰我现在的生活，只要我过得幸福、过得开心就好；他一直记得曾经的我是那么爱笑……

于我而言，这是不能承受之好，不能自私地拥有。

我也想说，有他这样的朋友，是幸福的，也是幸运的。他知道的，也只能是朋友。

那天我一直在听，也一直在流泪，不是为我自己而流，也不是为他而流,是为这世上不对称的爱而流。

想起卢前写的那首歌:记得当时年纪小,你爱谈天我爱笑。有一回并肩坐在桃树下,风在树梢鸟在叫。不知怎么睡着了,梦里花落知多少。

世界就是这样,你喜欢他,他不喜欢你;他喜欢你,而你又不喜欢他。从来没有对称的喜欢和爱。

人都是这样,对于得不到的人或物,总是格外迫切地想追求和拥有;而很容易就能获得的东西,通常是不太想要的。

真是印证了那句话,"得不到的在骚动,被偏爱的有恃无恐"。

原谅岁月,也原谅自己

她和芒果是闺密,那是在十多年前。

"我们一定是前世余情未了的情人,这辈子选择了更长久的方式在一起。"芒果在地铁上看到这句话时,忍不住发给她。

大一元旦节那晚,舍友都外出狂欢,宿舍只剩她俩。不喜热闹,安安静静地聊天,说起网球,发现彼此都是费德勒的死忠粉,喜欢了那么多年。考试前熬夜看球赛,收集他所有的文章和图片,这种囧事,两个人都做过,热血,激情。

高中同班时并无交谈,大学同宿舍后因网球忽然亲密无间。她喜欢唱歌,唱《一个像夏天一个像秋天》给芒果听。

芒果失恋那会儿,她天天陪着她,洗澡都要一起去澡堂,绝不给她一个人独处的机会,怕她胡思乱想,悲伤得像个怨妇。为芒果愤愤不平,她私下在芒果前男友宿舍楼下待了两个小时,北风呼啸的夜晚,冷得直跺脚,就为了堵住他,然后扇他一耳光。

找工作那段时间,芒果焦虑,每晚失眠,做梦都梦到在面试。

她买来薰衣草精油,睡前替芒果准备好牛奶,甚至打电话给妈妈,学做五福安神汤。每天早上上班前,她还发定时短信鼓励芒果。

那些短信，芒果抄在了随身携带的笔记本上，常常拿来看。

刚上班，交完房租的芒果没钱买适合上班穿的衣服，她刷自己的信用卡，一声不响地给芒果买了两套套裙。

最落魄的时候，她陪芒果一起落魄，两只汤勺一个碗，分着吃。

她在芒果身边，一个手臂的距离。

芒果跟她说："这辈子，有你这个闺密，没有男人也无所谓嘛！"

"那可不行，你结婚，我必须当伴娘，接新娘花，我还得是你孩子干妈呢。"她打趣道。

她是她的闺密。将来，也会是她结婚时的伴娘、孩子的干妈。

知道两人所在的公司参加同一个比稿时，芒果压根没多想。

比稿前晚，芒果看方案到半夜才睡。第二天提案，芒果在等候区看到刚提完案走出来的她，一愣，才知道原来她也参与了此次提案。

经过芒果时，她朝她暗暗比了一个加油的手势。

芒果公司提案，讲到三分之一时，客户开始窃窃私语，方案没说到一半，便被客户急急叫停。因为芒果公司的方案与上家公司方案如出一辙。

大家辛辛苦苦一个多月的成果，最后居然和别家公司的一样，被客户直接认定为抄袭。同事们都不敢相信自己的耳朵，惊讶得像半截木头愣愣地戳在那儿。

提案结果显而易见，上家公司赢得了比稿。那是她所在的公司。

芒果是比稿小组的负责人，发生了这种事，她责任重大，于是自动辞职了。

一直没查出来方案是谁泄露出去的。

直到有天，芒果去她房间找书，偶然看到自己不久前丢失的 U 盘。那个 U 盘，芒果清晰地记得自己曾把公司提案文件存进去做备份，不知为何，会出现在她房间里。

芒果自欺欺人地告诉自己，那只是巧合而已，一定不会是她。

怎么可能是她呢？她是她的亲人，她对她那么好，而她那么信任她。

听她亲口承认时，芒果只觉天旋地转，世界黑暗。

为了一个喜欢的男人，为了让喜欢的男人赢得比稿，拿下业务，她轻易地选择了背叛。

多年的友情啊，那么脆弱，都不及喜欢的男人的一个眼神，一个动作，甚至一句话。

"一辈子都不想原谅你。"

那一巴掌，结束了多年的友情。

一滴泪，滴落在芒果的手心。

十多年后，芒果结婚了，有了自己的小孩。

而那个曾经说好要做她伴娘，当她孩子干妈的人，早已不知去向。那件事发生后，她就离开了，她们就此断了联系。

芒果有时也会想起她，爱情让人盲目，谁能避免？大概谁都为爱做过一些事，或幼稚，或过分，或疯狂。当年的事，又有谁能分得出对与错呢？

过年回老家，芒果带妈妈买护肤品，旁边忽然传来熟悉的声音。

"您需要什么？"

从没想过会再遇到她，还是在那种情况下。商场里，她是导购，她是顾客。看到她这副模样，芒果心中便明白，这些年，她过得并不好。

她长胖了，皮肤粗糙了，脸上也有了细纹。

芒果又何尝没变老？

十多年前，她们都是水灵的女子；十多年后，她们都成了妇人。

芒果约她吃饭,她拒绝了,怕是不好意思,还在为当年的事愧疚。

芒果笑笑,也不强求。

临走时,芒果跟她说了句话,她眼眶立即红了。

那句话是:我唯一记得的是你对我的好。

那么多年过去了,那些事也早已随风而逝。

悠悠岁月,早已让她们学会了彼此原谅。

那些年,一个人走路

十二岁,我上初中。那时,学校在离家好几公里的小镇上。

我刚刚学会骑自行车,车技不足以在马路上骑行,被爸妈担心骑车太过危险。于是,我每天都走路上学。

八点上课,我七点就要起床,从家走到学校大概要花三十分钟,途中会穿过一片稻田,那是我的秘密花园。

有时候,很多小伙伴一起结伴而行。刚离家可能只有两三个人,途中会不断地有小伙伴加入我们的上学队伍,大家兴高采烈,说说笑笑,一路走一路玩耍,转眼就到了学校。

更多的时候,是我自己一个人走着,背着沉重的书包,眼睛始终盯着学校的方向，急匆匆赶路。

晴朗的夏日，那是最好的季节。

路上有野生的栀子花开，香气素雅，淡淡飘散，我喜欢偷偷摘一两朵别在书包上。水果熟透后，常有叔叔阿姨赠送给我们，一路去学校，能收获好多橘子和枇杷，一整天不愁没水果吃。

赶上雨天，路上泥泞满地，想到要走那么远的泥巴路，就特别不想上学。

有一次，也是雨天，我撑着小伞，后面保护书包不被淋湿，前面想着衣服怕被淋湿。风一吹，没注意到脚下的泥坑，一下子就摔倒在泥巴地中，衣服书包全都弄脏，连脸也没能幸免，简直成了个泥人。

不能脏兮兮地去学校，只好默默走回家，边走边哭。整个路上，只有风声、雨声和哭声，特别诡异。

回家换了干净的衣服，再次去学校。雨势虽小，但只要风一吹，雨被吹斜，裤子就会淋湿。走到摔跤的地方时，格外小心，一步一步挪动，刚要跨过那个泥坑，又被旁边的草绊倒。大早上，我连续摔了两次，在同一个地方。

当时，路上一个人都没有，眼泪流出来都没有人看见。好想别人伸一只手给我，可环顾四周，空空如也。

我不记得那天后来还有没有再去学校，唯一记得的，是那

天去学校的路，格外漫长，格外艰难，似乎永远也走不完。

那独自走路的慌张与无助，那满肚子委屈的哭泣，让我从此惧怕一个人走路。

那时的我并不知道，人生这一段旅程，跌倒，爬起，独自行走，才是常态。

后来，我在离家很远的城市上大学，冥冥之中，又开始了一个人行走的旅程。

新生入学第一年，爸妈陪着我来学校。

此后每一学期，回家或是返校，几乎都是独自一人。一个人拖着行李箱，走向人流涌动的车站，十多个小时后，再转车到家。

有次回家，感冒未痊愈，夜间空调太冷，导致感冒复发，全身发热，整夜高烧，一路昏睡，到站后一个人拖着箱子，感觉随时都会倒地。

过年返校，好几次，我是在火车上度过元宵节的，没有元宵的元宵节，也没有亲人在身边。火车行驶在苍茫大地间，窗外是城市的璀璨夜景与荒野中无边无际的黑暗交替，而心中是一片孤寂与苦楚。

好似一叶扁舟，漂于茫茫海面。

学校与家，相距一千六百多公里。

四年的时间，我频繁地行走于这一千六百多公里的路途上。

从天黑走到天亮，从十八岁走到二十二岁，从象牙塔走进社会的丛林。

我慢慢习惯了一个人行走。

再一次带着行李独自上路，是去年，我刚毕业。

背着简单的双肩包，坐了几个小时的高铁，最后来到一个陌生的海滨之城。

每天面试前，我都必须在百度地图中查好路线，牢牢记住。在这个陌生的城市，我一个人，随时都可能迷路。

很快，我能记住每一个地名、每一条走过的街道、每一辆坐过的公交。

我开始熟悉这个城市，地图上最南的那个点。

前两天，夏末的雨水不断。

我下班回家正好赶上狂风骤雨，困在半路上，没有躲雨的地方，没有退路，只能冒雨前行。从车站走回家，往常不过短短十分钟的路程，这次却走了半小时，到家时被淋成了落汤鸡。

想想这么多年，像这样后退无路，只能独自硬着头皮前行的时候，大概是很多的。

以前并不是很明白人生是怎样一段孤独的旅程，走过那么些路，经历过黑夜暴雨独行后，才渐渐发现，大多时候是自己一个人。

小时候，一个人走路上学；长大后，一个人走路去打拼。

人生路漫漫，不过都要自己一个人一步一步走完。

就像龙应台所写：有些事，只能一个人做；有些关，只能一个人过；有些路啊，只能一个人走。

一生四年，四年一生

北京的夏天才刚刚开始热起来的时候，我们几个同学一起回了趟学校，学校的花园与喷泉旁有很多学生在拍毕业照，一年一度的跳蚤市场又充斥着泛黄的物件，满满的离愁别绪。

我们去了曾经去过很多次的那家在大众点评上排名靠前的烤鱼店，是为了给一个同学饯行，他第二天的飞机回家，过完暑假接着便去广州读书，不会再回北京了。

算一算，他在北京也有五六年了。再漠然和讨厌的城市，你花了六年的时光来了解它，都会变得可爱而不舍。离开时，你那么清晰地记得每一个地铁站名；你记得夏日空气中的燥热，冬日空气的凛冽；你记得哪条街道上有最美的银杏；你记得哪一条胡同的转角藏匿着最美的独立书店。

那些从来不在心上的城市记忆，一点点像蜘蛛网一般缠绕在你心尖最柔软的地方。那些如泉水般倾出的惆怅与不舍，你又该如何排解？你要如何与它道别？一座见证你锦瑟年华的城市。

你走的那天，是清晨的机票，很匆忙，你没有告诉其他人。当然，也没有人送你。

你说，你喜欢这样子，不要犹犹豫豫吞吞吐吐，既然要离开，那就果决地离开，头也不要回，不要舍不得。

在分别的地铁上，你突然说了声再见，就下车了。我只看到那个坚毅的背影，穿过重重人海，而后消失。

我不知道，下一次见面，会不会在几十年以后，又或者，这辈子不会再见面了。

我想起柏瑞尔·马卡姆在《夜航西飞》中写道：如果你必须离开一个地方，一个你曾经住过、爱过，深埋着你所有过往的地方，无论以何种方式离开，都不要慢慢离开，要尽你所能决绝地离开，永远不要回头，也永远不要相信过去的时光才是更好的，因为它们已经消亡。

我们这一生，每时每刻都在学会告别，那些告别不大不小，却让你愁断肠，千杯酒也难以解思量。

聚会那天，还有那个当兵回来铁骨铮铮的你。两年前，你去当兵，让我们第一次体会到了离别和远行的味道。

总以为离别是那么远那么远的事，好像大一北海拍片耍双截棍、大二纠结无比讨论平面设计作业、大三耗掉无数休闲时间的策划案，还有那年10月底的海岛生存，你站在那么高的地方从从容容地帮我们战胜恐高，这些都是前不久才刚刚发生的事。

你总是那么突然地带给大家如此劲爆的消息。

那天欢送会，你说此去当兵也是了无牵挂，没有那么多为什么，选择了便是选择了；你说其实，这个选择没有什么遗憾，最大的遗憾不过是无法和我们一起拍毕业照进行毕业旅行吃散伙饭；你说毕业照要把你P进去；你说今年元旦聚餐时会少了个人；你说我们在打温情牌骗取你的眼泪；你说你的眼泪会留到火车上独自一人流，可拍照时，我明明看见你通红的眼角；你说友谊这种东西也要顺其自然；你说现在是能选择各种生活的年纪，还是要努力做自己喜欢的事情；你说你把原先准备单独赠的诗歌赠给我们；你说希望我们每个人都是开心幸福的。

那天，我们第一次有了全班大合照，背景是你写的那首诗。

北风萧萧吹雪来，玉龙飘散舞未休；新兵热血肝照胆，老友举杯笑对愁；天外浮云自舒卷，海内知交或去留；莫伤此别各自远，明月长伴碧水流。

去年，你当兵回来，继续完成学业，校园还是那个校园，身边的人却不是三年前熟悉的那些人，你说你叫不出他们的名字，他们的面孔如此陌生。

而你熟悉的我们，早已散落在天涯海角。

翻出那些旧照片，每一张你都笑得开怀。

从来不愁眉苦脸、整日乐呵呵的开心姑娘，在第一次失恋时，哭得那么伤心，好像天塌下来一样。你不敢相信，心中纯真美好的感情，会败给一个不认识的第三者。

你好像不相信爱情了。可是，今年春节，你遇到了生命中的那个他，依然是异地恋。你每周末都要坐几个小时的动车，只为赶赴与他的约会。看你贴出的照片，很成熟的人却愿意和你一起扮可爱拍照。

这样子的你，真好，遇到对的人才会让你那么开心。你看之前，你的前任，你为他流过那么多泪，你过去那么累于恋爱，而现在，你笑得那么开心。

那些年，你的歌声与舞姿频繁地出现在舞台上，你梦想着在更大的舞台上跳舞唱歌，而现在，你在公关公司上班，每天都能与各种媒体与明星打交道，也算是很靠近梦想了吧。

你是我觉得最特别最独立的人。

从来无所谓别人的评价或眼光，活得那么自我。我身边喜爱民族音乐、爱听歌剧、品味高雅的人，就你一个。

每天见你匆匆忙忙，倔强的身影，一回头，就是你那标志性的笑。

我曾经毫不掩饰地表达对你的喜爱，你说受宠若惊。一点都不需要，你如此独特、如此愉悦。

那天，在一家咖啡馆写字时，忽然接到你的电话，问我的地址，你买了很多漂亮的明信片，要寄给我们大家。

我开心得不得了，你那么清楚地知道大家的喜好。

在微博上看你进入了新的学校，每一个点滴都让你忆起那过去的四年。

时光啊，太匆忙，我们总是在它过去后那么久那么久，才怀念它的美好。

在朋友圈，看你发一些纽约的照片，你还是那个你，把眉毛剃光、头发齐肩、眼神忧郁的你。

你独来独往，衣袂翩跹，在那座遥远的岛屿上兀自生活，远离每一个人。

我们都以为你冷漠，孤僻，离群索居。和你成为舍友后，才发现你热心、纯真，傻得可爱。

我记得你跟我说，最讨厌小组作业，因为你总是被落下的那个人。

离开的那个早晨，我们还在睡梦中，你没有叫醒我们，悄无声息地离开了，就像你平常那般行踪诡秘。

你留下两页手写的信，把我们每个人的名字都郑重地写上去，谢谢我们将近一年的陪伴。后来，我们共有一个微信群，常常在那里吐槽聊天，你偶尔也会说上几句话，那熟悉的声音，好像一直在我们大家身边。

而你的人，却在相隔几万公里的大洋彼岸。

原本陌生的人，却偶然有了四年的交集，那五彩斑斓的记忆，永远都少不了你、你、你。

歌声里唱：流水它带走了光阴的故事改变了我们，就在那多愁善感而初次回忆的青春。

那么美好，青春之中有你们。四年的时光，很慢也很快，不管怎样，那都是一生之中绝无仅有的四年。

一生四年，四年一生。

把时间留给那些重要的人

假期回家后,我便自动开启了吃喝玩乐模式。半夜睡,中午起,洗漱一番后又出去见熟悉的陌生的朋友。

时间不够用,假期渐至尾声,才恍然察觉到还没有和你们好好吃一顿饭,说一说话,陪你们散一散步。

每天半夜回家,习惯早睡的你们一边放着电视一边打着瞌睡,电视屏幕里仍然是那热热闹闹的十点档家庭剧,你们却是孤孤单单地看。剧情跌宕起伏,显出生气勃勃的样子,而现实却冷冷清清。

你们怎么都不愿回床睡觉,如果等不到女儿回来。

想来,真是愧疚不已。那么宝贵的时间,却总是消耗在一些不太重要的人身上。而生命中那些重要的人,又吝啬到不肯花一个小时来陪陪他们。

父母心中除了儿女,还是儿女。儿女心中却装着朋友、恋人、事业、家庭等。于是,父母慢慢被移居到心中某个不起眼的角落,偶尔想起时才会看望。

整理旧物,翻到抽屉里一本旧得泛黄的书中夹着的一叠信纸。其中有几张纸,被折得皱皱巴巴,字迹模糊不清。

扔进垃圾桶时,看到"亲爱的爸爸妈妈"这几个字,重新捡起来,读完才知道它原来是一封写给爸妈的信。高中有一年开家长会，班主任要求大家都写一封信给自己的父母。

那天的家长会，好像是我妈去参加的。回来后，我妈眼睛红红的，明显哭过。问她，她才告诉我实情。旁边的家长玩手机有说有笑，她看我写给他们的信，眼泪直到家长会结束还一直在流，都不好意思抬头跟班主任说话。

其实，我也不记得自己写了些什么让她泪流满面。

我总是害羞而内向，从来不会在口头上表达对他们的爱，什么事都藏在心中。而那封一笔一画写出来的信，大概也是他们此生收到的唯一一封信，来自青春叛逆的女儿对他们的爱和爱的理解，如此袒露，又如此真诚。

第一次亲口说出一些亲密而肉麻的话，类似于"节日快乐，我爱你，我想你"，还是在十八岁的时候。从那时起，父亲节和母亲节等一些特殊的节日，我开始习惯表达出对他们的爱和思念。

以前，每年的那些日子都会打电话。可是，不知道为什么那几个字就是一直盘踞在心中说不出口，很矫情是吗？

我以为最亲密的人之间是无须粉饰语言的。可我忘了，有些话藏在心中不说出来别人永远不知道。

虽然看不到你们听到这些话的表情，但隔着电话也能想象出来。那种甜蜜的幸福，就像夏日午后的艳阳，天空中飘着棉花糖的云，蝉鸣不断，我午睡醒来，你们递给我一块冰镇西瓜。

过往的时光，转身就是你们。

小时候，周末天天跟在你后面乐哈哈地跑来跑去。我喜欢听你给我讲历史讲三国讲远古时代遥远的神话。

那是我最期待的事，我就喜欢傻傻地听，在寒冷冬天的火炉旁，在夏夜星星闪烁虫鸣叫嚣的田野边。

说不清楚是喜欢听故事，还是喜欢讲故事的你。

你去井冈山给我买了一个竹子做成的小背包，我喜欢得不得了，立马把自己所有的小东西往里放，直到塞不下。你笑着说："这么喜欢，下次再买个给你。"

我不想再要，一个就够了，好的东西永远一份就行了，不用太多。不过这些想法是后来才有的，当时的我只是笑呵呵地

说:"好啊好啊。"

那时的你是我的天,抬头,满眼都是你窝心的淡然之笑。

后来,我逐渐长大。岁月在你的额头刻下深深浅浅的划痕,而我们也在悄无声息地疏远着,隔了一定的距离。

忘了是从何时起,不再围着你蹦蹦跳跳,不再安安静静地听你说这说那,沉默取代了一切,话题始终绕不开学习。

好几次考试,我小心翼翼地告诉你我考得很不好,你什么表情也没有,但过后又会说:"爸爸始终都相信你。"

我有些羞赧,不知道该怎么回答你的信任,更是无法给出下次一定要考到多少名的承诺。又一次,我傻傻地僵硬地笑着。

站在清风中目送你离开,说不清的酸楚。

"我是你用心栽下的花,而你是夕阳下那道令我流泪的风景。"

现在的我,不再青涩不再无理取闹不再青春叛逆。

可是我在离你们很远的另一座城市里。

过往时光中的那些争吵与沉默,晚饭的餐桌上,一家三口,家常小菜,最日常的时光却包含着最深情的陪伴。

可是,这些也变成了奢望。

每周末的夜晚,你们的电话总是如期而至。

絮絮叨叨的话无非就是那么几句，重复来重复去。说了半个月的红枣枸杞，一直懒得买。然后每一次的电话，第一句就是问我买了没。

架不住你的电话唠叨，最终还是去买了。你也安心了很多。

这些话语很琐碎亦分外真实，真实地提醒着我总有两个人在远方关心着我、想着我，担心我一个人过得好不好。

失恋那几个月，我总是想不开放不下。吃饭时突然吃不下去，跑去洗手间默默流泪。你看不下去，骂了我好几次。

我明白话有多重，爱就有多深。

爱我胜于爱自己的，这世间还能有谁？不过是爸妈。

这个世界上也就只有那么几个人，我可以对着他们说，我很疼，我要抱，我要被哄被宠被呵护，我可以理所当然大言不惭地索求无条件的爱。

你们就是其中之一，我可以安心依靠，天塌下来也无须管。

你们总是说，不想我有多大的成就，只要我过得幸福开心，你们也就幸福了。其实，我想要的也不过只是你们好，那样，我也会很好。

龙应台在《亲爱的安德烈》中把父母比作旧房子。

她说：父母亲，对于一个十二岁的人而言，恐怕就像一栋旧房子：你住在它里面，它为你遮风挡雨，给你温暖和安全，但是房子就是房子，你不会和房子去说话、去沟通，去体贴它、讨好它。搬家时碰破了一个墙角，你也不会去说"对不起"。父母啊，只是你完全视若无睹的、住惯了的旧房子吧。要等足足二十年以后，你才会回过头来深深地注视他们。

你们把半辈子的时间给了我，而我希望现在的注视不会太迟，时间还够用，用来陪你们以后的一朝一夕。

岁月短暂，时间还是用来陪伴最重要的人吧。

II

时光流转，不过相遇一场

隔了许久，仍记得初见时悸动的心情。即便日后历经了最深的黑暗，仍愿意以思念为桥，跨越千山万水与你相会。疼痛与美好并存，那场无疾而终的遇见，不是错，只是不合时宜。即便如此，仍然感激，是你。

没有在一起也好

坐在从曼谷开往暹粒的大巴车上,夜晚八点,灯光昏暗,公路旁除了零星的简陋木质吊脚楼,便是无边的原野与丛林,像回到了上古时代。

大巴刚过泰柬边境,到达目的地暹粒至少还得六小时。车上老外躁怒的情绪就像被点燃的鞭炮噼里啪啦响个不停,很显然,时间观念严格的西方人还不太适应东南亚列车的晚点现象。倒是自己,在东南亚旅行三个月后,对此早已见怪不怪了。

睡觉、看书、发呆、听音乐,顺便想想下半夜到暹粒后是直接睡车站还是背着六十五升的登山包满大街找 guest house,能做的事可多了。

这时,邻座的德国男生拿一张被踩躏得脏兮兮的便签纸条问我:"这是你掉的吗?"

"对,那是我的,谢谢。"我面色平静,嘴角微微上扬地回答。

那是一张写着紧急联系人电话的便签纸条。

毕业前独自背包游越南时他偷偷塞到我背包中,在越南美奈被大雨淋湿后整理背包才发现。一直保留着,当时是甜蜜,过后是忘记。忘记扔掉了。

是的，我的紧急联系人名单中，除了爸妈，就是L。

在我生命中出现过，停留过，又离开了的L先生。

那是夏天，就像此刻东南亚的夏天般炎热。我不明白怎么那天会兴致勃勃地和同学去打乒乓球，球场那么多人，怎么就一眼瞥见穿白色T恤、卡其色休闲裤的L。因为他的球技、他的干净，还是只因为那天阳光甚好，他穿了一件我喜欢的T恤。

那个范围适中的校园，遇到L的次数寥寥无几，尽管我努力制造"偶遇"。去洗手间特意爬几层楼经过L的教室；早上打扫校园卫生拖拖拉拉只希望看L从我身边走过；中午不论风雨每天必去球场看L打球；傍晚偷偷跑去操场假装背英语，其实只是想看L跑步。

当然，L是不会注意到我的，他只是回望我，不带任何表情，就像是望着十字路口恰好从自己身边经过的陌生人。

是陌生人，不是像。每次遇见L时，太多的人，嘈杂的环境，只有自己的心，在偷偷窃喜，尘埃中开出了花。

也许老天看我可怜，在我们上体育课时，也安排L训练。跑步超烂的我如往常一样拖后腿，最后一圈，发现他竟然在我前面慢跑，鼓足勇气想和L说话，那句"我其实喜欢你好久了"哽咽在身后突然跑过去拉起他手的女生身上。

那是隔壁班最漂亮的女生，高高瘦瘦，细长腿，会化妆；

时光流转，不过相遇一场　　55

而我，看着自己蓝白色的校服和白开水般的脸，觉得比丑小鸭还丑小鸭。

后来，不用制造偶遇也能每天见到 L，他俩甜甜蜜蜜地从我身边走过。但没过多久，L 又恢复了一个人的状态。

此后，L 高考了，毕业了，去了我不知道的城市，消失在我的世界里了。

此后，我也高考了，毕业了，去了很远很远的北方城市，我也忘记了。

五年后北方炎热的夏天，对，又是夏天，我所有的故事竟

然都发生在炎夏，花开绚烂的季节，但极易枯萎。

考完专业课后无聊地上网，在高中校友群中希望能找到多年未联系的好友。不期然，却出现了好几个和 L 同名的人，随便点击看相册，居然是 L。

他的照片，看得我恍若如梦，好像瞬间倒回高中一个人默默喜欢他的时光。我拿鼠标的手不停地颤抖，内心暗流汹涌。

此刻的我们在同一个城市，学校相距如此近，一站公交就到。可是我们那么近，又那么远。

所有的相遇都是久别重逢。我们见面了，当然，L 不再是我五年前看到的那个模样了，而我也不再是那个青涩的小女生了，我变得沉默。

那个夜晚，我第一次真正意义上和 L 说话，是在我们都知道彼此的情况下。L 讲了好多他自己的事，我一件都没听进去，一直在恍恍惚惚，不敢相信曾经的奢望已成现实。

我接受了五年后陌生的他。随后,就像所有大学情侣一样,我们开始忙着约会、吃饭、看电影、旅行,又忙着吵架、和好,最后忙着毕业论文、找工作,忙着结束一切,包括恋情。

分手那天我重感冒,脑袋晕乎乎,刚下飞机,只想快点回学校睡觉。但 L 的那句话就像一盆凉水泼来,瞬间冷却,好强的我故作大方直接走掉,却在感冒加剧的第二天下午到他宿舍楼下坐了五个小时直到天色灰暗,也无法接受原本说好要牵手此生的两个人却要像陌生人一样彼此再无关系的事实。

不知是谁说过,恋爱就像正弦曲线,曲曲折折,但总归结局美好。但我和 L 像是余切函数,每一步都是走下坡路,最终退回未曾相交的原点。

紫霞仙子说:我猜中了开头,却猜不着结局。这句话真适合所有失恋的女人——当然也包括我自己。

情殇的痛苦在找工作的昏天暗地中被自动屏蔽,等到找好工作,认识新朋友,学会泡咖啡、打网球、独自旅行后,却怎么也记不起 L 长什么样,就算刷空间看过他的结婚照,过年回家在商场中遇见过他和他妻子好几次。

其实,没有在一起,也好。

不然，也不会知道一个人生活居然能那么精彩。充满成就感的4A工作，每天和有趣的人碰撞出新的idea；周末约朋友看看UCCA展览，打打球，喝两杯红酒；休年假就当背包客，去义工旅行，去看看世界。

不然，也不会有现在这样，在午夜的柬埔寨公路上，裹紧披肩，有一搭没一搭地和旁边德国男生聊天，偶尔抬头望望东南亚的星空，北京可看不到这么漂亮的星空。

爱情的世界中哪有输赢可言

爱情的战役中，赢得美人或觅得良人，最终花好月圆的那一方往往被看作赢家；而那个独自落寞，只能看着对方幸福背影的一方，又是众人同情的输家。

赢和输，只看身边是否又有了新人。

可爱情的世界中，赢，又赢得了什么？输，又输掉了什么？

佩宜三十五岁时才结婚，那时儿子快两岁了。

当了十年之久的小三，终于等到了他与前妻的离婚，成功转正。

二十三岁，玩重金属摇滚乐、爱泡吧的佩宜在酒吧认识了现任老公。当时老公已有妻儿，妻子是他大学同学，两个人毕业后便共同创业，也算事业有成。

酒吧暧昧的灯光，眼神扫视全场后，佩宜便将目标锁定在他身上了。

和朋友们玩真心话大冒险游戏故意输掉，佯装左右为难不知如何选择，实则心怀鬼胎地选大冒险——因为可以轻吻陌生人。

佩宜端着酒杯，身姿妖娆地走到他身边，性感红唇轻触他的左脸颊，如小鸟啄食般。离开时，却被对方轻拥，回了她一个绵长的法式热吻。

一众看客鼓掌尖叫，原本镇定十足的她，因这个意想不到的热吻而面红耳赤。

到底只是二十多岁的女生，论心机，哪里敌得过干练老成城府深沉的三十多岁的男人。

随后几个周末，佩宜必去这家酒吧，有时和朋友，有时自己一个人，期待再遇热吻她令她心动的那个男人，但他没有再出现。

她后悔，那天没有主动要他的联系方式。不然，现在就该是他陪着她一起喝酒，而不是独自喝闷酒。心烦意乱地走出酒吧时，不想却撞到了他，周围还有他的两三个朋友，那天也在现场，好像认出了她，笑了一下，算是打招呼了。

"原来是你。"简直可以称得上欣喜若狂，表面却假装惊讶不已。

佩宜当然不会放过这个绝佳的认识机会。

那天晚上，回到家后，佩宜收到了他发来的短信：很高兴认识你，晚安。

一起喝过几次酒后，两个人的关系自然熟了很多，慢慢地，什么都开始聊。

她说："那天，其实是我的初吻。"

"哦，这么幸运，你不会要我还给你吧。"他打趣道。

"不会，但你要答应我一个条件。"

"什么？"那个男人好奇起来。

"和我交往，做我男朋友。"佩宜非常大胆地说出口，吐字清晰，一点都不紧张。她是一个想到什么就马上去做的女生，宁愿为做过的后悔，也不愿为没做的遗憾。

"很遗憾，我已经结婚了。"

"没关系啊，我可以等你离婚。"佩宜满不在乎。年轻女子，率真得实在可爱。只要自己喜欢，就勇敢去追求，其他都不在考虑范围内。

"你怎么确定我会离婚，如果，我不打算离婚呢？"

"你肯定会离婚的，我猜。"佩宜狡黠一笑。

那个男人当然不会拒绝佩宜。大叔对萝莉,"拒绝"二字永远都说不出口,谁忍心看到那年轻如花的面容伤心呢?

但他也没和妻子离婚。

喜欢只是一瞬间的事,而沉沦则是不知不觉间的永恒。

两个人在一起的时间越长,佩宜对他的依恋越深,越来越不想离开他。或许,刚开始是猎奇和新鲜感在作怪,可慢慢地相处,佩宜发现自己早已在不知不觉中爱上了他。

她终究没能管住自己的心。一下子,就落入万丈深渊。

在佩宜爱他爱得无法自拔时,他们的事被他老婆发现了。

这样也好,也许他老婆会因无法忍受而主动提出离婚。佩宜甚至坏坏地想。

他老婆约佩宜在咖啡馆见面。棋逢对手的两个女人,因为同一个男人,终于面谈了。

"小姑娘,谁没有年轻过?相信我,一时的新鲜感很快就会过去的。越早离开他,对你来说,只会越好。"没有横眉怒目,没有破口大骂,他老婆平静如水,好像说着不是她自己的事。

"我爱他,我要和他永远在一起。在我的人生字典中,没有为爱而离开这个词。"佩宜不甘示弱。

"那你就看看,他到底会不会和我离婚,然后娶你。"丢下这句话，他老婆就离开了。

　　佩宜跟那个男人明示暗示，甚至以分手威胁，终于换来男人的保证，肯定会和老婆离婚，也肯定会娶她。只是这保证中，难免不会有敷衍的成分。

　　就这样在爱情的拉锯战中，三个人爱恨纠缠了七八年。七八年的时光，佩宜已从青春萝莉变成了成熟妇人。

　　后来，佩宜意外怀孕了，还是个儿子。而他和他老婆一直没有孩子。儿子，明显增加了佩宜赢得爱情的筹码。

　　在佩宜怀孕八个月时，他老婆对他彻底死心，签了离婚协议。

　　等儿子快满两岁时，佩宜终于披上了婚纱。

　　一场旷日持久的爱情之战，看上去佩宜算是赢了。男人，孩子，名分，爱情，她统统都有了。女人想要的，无非就是这些。

　　可是，等她拥有这些时，最好的时光已经走远。

　　青春都用来和另一个女人争夺男人了，不知道，她日后想起，自己会不会有遗憾。

　　而那个男人的老婆，最终虽然与他离婚，但彼此共度了生命中最美好的时光，又真正输掉了什么？不过是一个日渐年老体衰的男人。

也许，爱情的世界中，本没有输赢可言，只有愿不愿意而已。

而心甘情愿后，还能无悔，那双方都是赢家。

早上五点人生已散场

有一天，我和朋友在家喝茶，一宿未睡，聊天聊到第二天清晨。说的全是曾经的往事，有些年代久远，我自己都忘了，却酣畅淋漓，像游完泳后躺在沙滩上晒太阳，全身的倦怠都消除了。

好难得的清晨时光，记忆中这一年以来除了那些加班到天明的日子外，好似再也没有在清晨伴着太阳升起，和城市一道苏醒的光景了。

舒国治在《理想的下午》中写过一篇早上五点还在晃荡的文章。

"早上五点，有时我已醒来，多半我还未睡。这一刻也，黑夜几尽，天光将现，我再怎么也不愿躺偎床上，亟亟披衣往外而去。多少的烟纱月笼，多少的人灵物魂，多少的宇宙洪荒，多少的角落台北我之看于眼里，是在早上五点。"

早上五点，是通宵熬夜之人结束上一场聚会或加班，急急赶回家再睡两个小时才承认这一天过去了的时候；是大街小巷店铺开始顶着灯光开门营业,迎接新一天到来的时候。

早上五点,那是结束,也是开始;是散场,又是新的开场。

而那天清晨五点,朋友和我匆匆告别,直接打包了一切,去了机场,回了老家,选择了另一条路径,开始了另一种人生。

再也不会有聊到天明的时光了。

彼此心里都明了。这一别,又是多少岁月往事都将尘封。

曾经住的小区就在学校旁边,每天早上不用闹钟便能醒来。学校清晨的铃声透过窗户的空隙唤醒梦乡中的我。

随着铃声而起,洗脸刷牙吃早餐,我走出家门上班的时候,学生晨读的声音自远而近。

有一天周末清晨,我躺在床上跟同学聊天。她忽然说,我好像听到了学校举办运动会时才放的音乐。

我走到窗前,拉开窗帘,眼前穿着校服统一进入赛场的学生瞬间把我拉入另一场遥远的梦中。

那是再熟悉不过的声音,那也是再熟悉不过的场景。

以前学校运动会,开幕式是最令人期待的看点。

操场上各种各样民族服装让我们像活在不真实的梦里,白族的服装很淡雅、清丽;蒙古族的服装色彩鲜艳,绚烂无比;朝鲜族的服装让我想起了《大长今》;还有厚重的藏袍让我对那个神秘的,天空湛蓝水又极其纯净的地方产生了无限的向往。

我拍了一张照片发给她,她在电话中感叹,好想再参加一

次运动会。

谁又不想呢？

谁不想重回青春，谁不想在四月的阳光下打打闹闹，谁不想一辈子就这样有你们红尘作伴，活得潇潇洒洒。

可大家各自的人生，早就在那个离开的清晨五点转了个弯，换了不同的方向。

毕业前几天，我才刚刚从越南旅行回来。

回来后时间变得争分夺秒，已塞不下离别的伤感。

一大堆毕业的材料文件要去学校签字盖章，要参加毕业典礼，要整理打包四年的行李寄回家，要和老师同学吃一顿最后的晚餐，要一一告别那些深交的朋友。

离开的前天晚上，宿舍一起去 KTV 唱歌，去的时候兴致昂昂，结果半夜大家都睡着了。天蒙蒙亮时回到宿舍，赶上了离校前的最后一顿早餐。

后来，大家还在睡梦中，就有人拖着行李离开了。

谁也没有说一句再见，不是来不及说一声道别，也并非那般急匆匆，只是假装睡着了，就以为不需要面对离别，不需要面对四年后的散场。

后来，大家的离开都是在清晨。

只有清晨，才不那么感伤，或者说感伤的意味不浓烈。大家都在睡梦中，即使醒来，脑袋也是一片恍惚，不甚清醒，可以借此不去深想这次离别的含义。

有的时候，脑袋混沌一点，或许会过得更开心。

时间那么短，离别那么快，天涯却那么长。当时只道是寻常，此时蓦然回首，一片怅然。

我后来在深圳待了半年，而舍友在香港上学，一个地铁的距离，都没有时间见面。

你不得不承认，一些离别，就是彼此从各自的生活中离场，永远地离场。

大家生活的轨迹，也许早已结束了离校那天的清晨。

看着窗外那些笑脸，想起我们曾一起读过的书，一起遇到过什么人，一起经历过种种开心和不开心，一起为毫不可笑的小事笑出眼泪，一起在幽黄的路灯下歪歪斜斜又健步如飞，一起躲在被窝里看小说到凌晨三四点,一起什么事都不想做晃来晃去,一起什么事都不做晃来晃去就走散了,再一起忘记曾经无数的一起。

有些记忆,像一场虚幻的梦境,了无痕迹。

有些人生,像一场来势汹涌的海浪,退潮时,一切成空。

去年冬天,我去参加了同学的婚礼。

她是我们班第一个踏入婚姻殿堂的人,新郎也是我们同学。在校时,两个人没说过几句话。毕业后,有同学看到他们手牵手在十字路口等绿灯。再后来,就是看到他们走在婚礼的红毯上。

据说,这中间他们也闹过矛盾分手,但最后又在一起了。曲曲折折的故事,就是说出来,也怕是我们外人不甚明了的。

最后的最后,大家只得把一切归结于"缘分"二字。

婚礼那天早上,我们四五点就起来,和化妆师一起帮她梳妆打扮。看到她穿上婚纱从换衣间走出来,原先那个爱韩剧爱韩星上课偷偷传纸条的女生一转眼之间就已经来到了为人妇的路口。

本来该欢喜的场合,却无由地感伤。

我们再也不会一起在食堂等半个小时的热腾腾豆浆和新鲜鸡蛋,再也不会花十多分钟比赛看谁更能慢悠悠地剥鸡蛋壳,再也不会一起逃课只为去校外买杯奶茶,再也不会因为记不住她喜欢的明星的名字而被骂。

那个曾经失恋时,在机场等到第二天清晨五点都没等到前男友回来的那趟航班的女生,那个在机场哭着说不甘心就这样从他的人生中退场的女生,现在,牵着另一个人的手走入了另一片森林。

很多事情,发生得那么快,快得让你来不及仔细回神想一想到底经历了什么。

走出那扇门,踏进另一扇门,才发现,散场的人生中,该笑的没笑,该哭的没哭,该喝的酒没喝完,该做的事都没做彻底。

可是,没做的事也不甚在乎了。

那些新的事情,总会把你从往事中拉扯出来。

散场过后,又是新故事的开场,一场又一场,永不停歇。

世间哪得双全法

April 是个不知道自己究竟想要什么的女人。

二十八岁的年纪,四处相亲无果。

每每问起她对于心中另一半的标准,回答不是不知道,就是都可以，或者只要顺眼有感觉就行。可是，天知道，感觉是个多么不靠谱的词儿。

介绍条件好的男人给她，有房有车有户口，她却嫌人家身高不够长得对不起观众，影响下一代基因，并且毫无感觉。长得又高又帅又有好感的男人，她又无法接受要一起艰苦奋斗买房买车的事实。

说到底，她心中的标准太过挑剔太过完美。完美到这个世界上找不出一个富有帅气、房车齐全，同时还真心爱她，她也喜欢的人。

喜宝说：我要有很多很多的爱。如果没有爱，那就要很多很多的钱。如果两件都没有，有健康也是好的。

可见，在喜宝心中，最重要的还是爱，她并不贪心想要占尽所有。爱、钱、健康，如果不能同时拥有，那么能拥有其中任何一样，都是值得感激的。

有时候，我们并不能太过贪心地享尽所有。找到那个在心中所占比重最大的东西，然后努力争取或许才是最佳的解决方案。

Rachael 是个和 April 完全相反的姑娘。

一直以来，她都非常明确地知道自己想要什么，知道怎样让自己不纠结而活得更快乐。

年轻的时候,她是个爱情至上的人,把爱情看得高于一切。有了爱情,其他烟火俗世中的考虑因素都可忽略不计。

爱情算是她最想要的东西了,在她二十五岁之前。

所以,当她第一眼见到前任,就被他温文儒雅的气质吸引时,当下便打定主意要把他追到手。

是的,Rachel 就是这样一个敢爱敢做,对于自己喜欢的人或物,总是努力勇敢地去争取的好姑娘,从不扭扭捏捏。她不允许自己人生中有遗憾的事出现。

她追男友的方式非常简单粗暴,对他好,却也容易直抵人心。

嘘寒问暖不用说,每周都要厚脸皮地约男友吃饭,邀请他看电影或话剧。自己那点可怜的工资不够花,省吃俭用外,自己在外面接一些翻译的私活,为男友买这买那。

幸运的是,男友并不是个铁石心肠一边享受她的好,另一边又不把她当回事的渣男。

Rachel 姑娘对他的好,他看在眼里,记在心里。从 Rachel 朋友那儿知道她的告白大计后,用一张机票把她骗去了泰国 Pal 县,一个童话般宁静美好的小镇,在 Pal coffee in love 前,男友弹着吉他唱:做我女朋友好吗?

这完全打乱了 Rachel 的计划。

"表白这种事,不需要你来做,这是我的责任。"他说。

世界上最美好的事那么多,有什么比得上我喜欢你,在我打算跟你表白之际,你告诉我,你也一直喜欢我。

两情相悦,你见到很多,发生在你身上时,你才能亲身体会到这四个字代表的所有美好。

确认关系后的两个人,甜蜜得如胶似漆,羡煞旁人。

Rachel被公司派去深圳出差两周多的时间里,这周末,你飞深圳,下周末,我飞北京,两个人那点可怜的工资全部贡献给了国航,在一起的时间却不够四十八小时。

就在大家猜测两个人

会这样安稳走下去然后结婚生子时，却突然传来 Rachel 男友结婚的消息。只可惜，新娘不是 Rachel，是男友妈妈为儿子介绍的一个在银行上班、家里有钱有势的姑娘。

Rachel 淋着雨，跑去找男友要个解释。

男友却闭门不见，在电话中说：我把爱情留在了你这里，把现实留给另外的她。

Rachel 在男友家门前等到第二天天亮，万念俱灰，默默离开。

张爱玲写：爱情本来并不复杂，来来去去不过三个字，不是我爱你、我恨你，便是算了吧、你好吗、对不起。

从我爱你到算了吧，Rachel 走了两年。

享受过爱情的甜蜜，又在爱情里流过泪受过伤的 Rachel，开始接受亲人朋友们安排的相亲。她不看长相不看身高不看是否有感觉是否顺眼，只看对方有没有钱。

原来爱情至上的 Rachel，现在却只想要另一种东西——金钱。这让她有安全感，比起爱情，至少不会随便就离开她，只要她好好经营。

不知是谁说过，能带给女人安全感的只有两个东西，一个是银行账号里的数字，另一个还是银行账号里的数字。

爱是什么？

在金钱面前，爱可能什么都不是。

不久，Rachel 和一个整形医生闪婚了，两个人认识不到三个月。结婚后，Rachel 辞职了，专心在家做富太太。

在朋友圈，时常都能看到 Rachel 晒各种图片，老公送她的 Tiffany 钻戒、卡地亚对戒、迪奥新款包包、毛里求斯的旅游……

每张照片里，Rachel 都笑颜如花。看得出来，她是真正的开心。

这样也很好，拥有了金钱后，就不要再想着追求真爱。世间哪得双全法，让你既拥有金钱和物质，又给你真爱。

好好享受眼前的一切，并乐在其中，如果这是你想要的。

一个日本姑娘，有一个青梅竹马的男朋友，两个人在一起十八年。但男朋友就是个普通的上班族，她想要的 Chanel、Gucci、Prada，乃至更好的物质生活，男朋友都给不了。

后来，日本姑娘下狠心抛弃了男友，嫁给了一个能为她想要的一切都埋单的男人。

婚后，拥有了物质生活，这个姑娘又开始想念和前男友在一起的爱情。于是，两个人背着丈夫又勾搭在一起。

有一次，日本姑娘被丈夫发现了她的婚外情，被丈夫毒打了一顿离婚了，结果一分钱的财产都没得到。

当然，最后，这个姑娘也没有和前男友重新在一起。

日本姑娘拥有过爱情，后来又拥有过金钱，最后她一无所有。

这个日本姑娘，后来去了泰国，在一家大象保护中心做志愿者。她是我旅行时认识的朋友的朋友。我们最近见面，是在清边跨年的那天晚上。

过得开心快乐其实很简单，把欲望清单缩减至只有一项，你最在意的一项。如果拥有了，就好好珍惜享受它带来的快乐。如果没有，就努力争取，直到拥有它。

切忌贪心不足蛇吞象。

不然，最后，你有可能什么都没有。

这世间总有一人，为你而来

两年前，我去草原旅行。

黄昏时分，走路回民宿，漫天彩霞将草原染成几种不同的颜色，像被打翻的颜料般随意而绚丽。落日的余晖映照在无边原野中仅有的几棵树上，打出长长斜斜的影子。

路的尽头，是牧人牵着一匹马，孤独地走着。

三毛的那首诗《来生做一棵树》自然而然地出现在我们脑海中：

如果有来生，要做一棵树，站成永恒，没有悲欢的姿势。一半在尘土里安详，一半在风里飞扬，一半洒落阴凉，一半沐浴阳光。非常沉默，非常骄傲，从不依靠，从不寻找。

有时候，成熟是一瞬间的事，不在于时间长短。

金牛最讨厌的夏天，也不过如此。该经历的事总是要经历，既然无法避免，那就勇敢地面对。这不过是最实在的处世哲学。没有什么事能善始善终，也没有什么人会陪我们很远。

很多事情，并非争取了、努力了，就会有个好的结果，比如爱情。

只不过是不想让你自己后悔。可是，常常是那些粉饰性的字眼一次次让你心安理得地勇往直前，无所畏惧。

你不知道，在别人眼中，其实，你不过是个小丑，仅此而已。

你的偏执，也许用在了错的事、错的人上。

我记得那段时间你的痛苦，爱是那么身不由己。如果可以，你说，你也不想爱上一个不爱你的男人。

绝望的时候，我们陪在你身边。

你自嘲地笑笑：我是不是很傻？我不需要他常常对我嘘寒问暖，不需要他为我买东买西，我甚至不需要和他天长地久、山无棱天地合，才敢与君绝。我只需要，他有那么一点点是真心爱过我就好。

是，你真傻，傻得自尊都可以抛弃，傻得低到尘埃，还开出颤抖的花，傻得大家只想给你两巴掌，好让你彻底清醒。

不出意料，那个男人再也没有出现过，在你和他某次冷战后。

你后悔对他发脾气，你后悔冷战，以为不冷战他就不会离开你。这样也好，早点离开，对你来说，就能早点解脱。伤痛虽然难以接受，但总好过温水煮青蛙，不知不觉就耗掉半辈子，而无法脱身。

有的时候，你只需要对自己狠一点、狠一点，再狠一点。

这个世界，有些人出现在你的生命中，只是为了告诉你："你出现过，丢下过我，我才明白遗忘并没有想象中那么艰难。这或许是你给予我，最后的意义。"

一个人能拥有的，并不多。大多数人都只是过客，最终还是要离开的。

"爱是两个人的事，如果只有你还执着着，纠缠着，原地打滚痛苦地爱着，时过境迁之后，你会发现是自己挖了个坑，下面埋葬的全部都是青春。"你曾经说很喜欢这句话，还念给我们听。现在，你是不是也该说给自己听。

前些日子，好不容易姐妹们周末聚在一起。

从电影院出来，看到那个他和新女友走过来，你很没骨气地低下头，抓着我们就往旁边走，不想被人发现。那双手，因为紧张而不停地颤抖。

但亲爱的，你根本不需要这样。

狭路相逢勇者胜，你听过没？

越是这样狭路相逢的时刻，你越要昂首挺胸，开开心心地笑对他和新女友。不然，人家以为你还陷在那段恋情里走不出来，只会更开心。

因为，确认你还喜欢我就好。

这是大多数男人分手后最乐意看到的。

后来,我们边说边笑地经过他俩身边,斜眼都不瞅一下。形势上不比人家强,表面上装还是要装得过去。

这无关虚荣或逞强,是心态。

纠结的,不是别人,正是你自己。

对你自己而言,没有无可奈何,也没有遗憾之说,它只是你漫漫人生路上的一个教训。在年少轻狂的青涩时光,你那段空白而自作多情的记忆,就让它一直保持原样好了。有时候,不完美即意味着完美。

人生有那么多的遗憾、教训、不舍、离别、痛苦,这一点点,不算什么。一定的年龄,能幼稚过能偏执过或许还是件好事。

那些过去的就让它过去好了,像泡沫般不留任何印记。

期待是一切痛苦的根源。不再有所期待,我想,你大概也不愿痛苦地生活。

每个人都在看似平静却急匆匆走向不同方向的道路。

每个人都在失意的事中或主动或被动地选择了新的开始。

每个人都在时间的推动下,不声不响地开始新生活。

而这,是你可以并且能够选择的方式。

是像一棵树般昂首挺立,还是像地锦永远依附于他人,缠缠绕绕？

亦舒说：聪明的人从不报复，他们匆匆离去，从头开始。

现在，你终于开始过得那么好了。

每天二十四小时，花十个小时做你喜欢的事。和那些可爱有趣的同事一起工作吃饭聊天，一起替他们过生日，一起去喝酒，一起去学探戈，一起去打网球，一起去做美甲，一起接受客户的赞美与认同，那都是每一天最最开心的时刻。

你愿意花五个小时，文火慢炖一盅麦冬雪梨椰片汤暖胃。

睡之前，看看喜爱的书，或者电影，任凭思绪胡乱纷飞。

你知道，这是一座山，没有人陪你一起爬，也没有任何可以支撑的东西，唯一能支撑的不过是自己的意志力。

你得慢慢地一步一步走出来，就算是脚踏荆棘，也决不能有半点退缩。因为，对你来说，这是最佳的选择，也是最好的路。

这样一个人的状态，你已经很习惯，也感到很安心。

不再害怕，也不再焦虑。

晚上抬头望着晴空，为自己默默地点赞。

后来，你身边也出现了那个视你如珍宝的人，千帆过尽，只取一瓢饮，终有一人快马加鞭而来。

那个真正爱你的人，他不忍心让你久等。

你再也不会悲伤，昂扬成了你永恒的姿态。那个重要的人欣赏你，支持你，护你周全。

你坚强自信地挺立，像棵树一样，倔强而亮丽。

他其实没那么喜欢你

放假三天，我拒绝了所有朋友的邀约。

心血来潮在亚马逊上买了一堆与甜点有关的书，比如《法式甜点全书》《跟着小屿做烘焙》等，打算在家潜心钻研，在渐凉的时节，温暖自己的胃和心。

悠闲的假期，大概没有什么比看那一团混杂了蛋白、面粉、巧克力和鲜牛奶的浓稠蛋糕糊在烤箱中慢慢变成优雅蓬松的舒芙里更让我感到幸福的了。

尤其是吃舒芙里时，满嘴融化着的稠香，还有那软绵绵的触感，简直甜蜜到了心尖。

微信给好闺密看亲手烘焙出的舒芙里，她回了句：等我。

果然，一个小时后，我家门铃响了，不用看肯定是她。跨过半个北京城换了两次地铁，只为尝一口甜点，这种在外人看来麻烦的事，偏偏她兴致盎然。

有时候，倒是喜欢她这样不怕麻烦的精力。

这个随时随地都可以买到一切的时代，没有几个人会愿意花上一两个小时的时间，专程赶来吃你做的舒芙里，除了那些真正放你在心上的人。

大家都懂得机会成本，花心思维系一段可有可无的感情，不如在家观察兰花又新开了几朵。

朋友越来越少，留下的，都是重要得可以拿生命换的人。

我记得几年前的她一度厌恶所有甜点，后来一起追美剧《破产姐妹》，她彻彻底底被毒舌又迷人的 Max 俘虏，心甘情愿地做起了 Max 的粉丝，也学着 Max 做小蛋糕并重新爱上了甜点。

美食与爱，她从不舍得辜负。

她讨厌甜点是有原因的。

几年前，她在草莓音乐节上认识了一玩摇滚的男生，被对方弹吉他的帅气模样吸引，不顾矜持，主动询问对方的电话、QQ 和微博。

男生有自己的乐队，常常在南锣鼓巷 Mao Live House 演出。

听不懂歌词的隆隆音乐，昏暗暧昧的灯光，一大群重金属爱好者，摇头晃脑，歇斯底里。不喜欢摇滚的闺密偏偏还每次都去捧场。

演出结束，在酒吧一起喝了几次酒后，两个人顺理成章地成了情侣。没过多久，不懂摇滚的闺密，竟然能向我们说出无政府主义朋克与蓝调摇滚的形成与区别。

爱情的魔力，强大得让人难以想象。

但我们从来不看好他们，这样疯狂而冲动的爱情，哪知道它的保鲜期是多久。

果然，他开始不那么频繁地回电话，常常借口有演出要排练而无法赴约，即使约会也变得心不在焉。

吵架最厉害的一次，是闺密在他微博中发现另一个女孩晒了玛格丽特小饼干，那饼干是她深夜亲手烤的，装饼干的小盒子是她在无印良品买的，被他送给了另一个女孩。闺密愤愤不平，难过得要死，但摇滚男连解释都前言不搭后语。

冷战不到一周，主动和好的还是闺密。她开始后悔，那女孩也许就是普通朋友而已,她干吗那么生气;他不接电话也许是在忙,他排练辛苦心情不好也能理解。总之,她能理解他所有不寻常的借口。

只是,她从来不会去想那个根本原因,或许,他其实没那么喜欢你。

她害怕,也没胆量面对。

在恋爱过程中,我们总是下意识忽略那些显而易见的真相,常常想出各种各样的理由或证据安慰自己。他太忙,他太累,他工作压力大,他本来就不是体贴的人……以为这样,男人就会被自己的大方和明事理感动。

但我们没有勇气与胆量承认那唯一的事实,他没那么喜欢你,他不再想和你在一起。

因为这太让人崩溃了。

去年冬天,我在东城的一个咖啡馆里和十多个人一起看了部电影。

在电影片头的系列场景中,所有女人都安慰在恋爱中伤心欲绝的女友:相信我,他肯定是喜欢你的,他不约你,只是被你成功的事业所吓倒,你太美丽迷人他处理不了,他不小心弄丢了你的电话,他不知道你住哪里……不管她是纽约的高级白领,逛街购物的年轻日本女生,跑步锻炼的中年女人,抑或非洲与世隔绝的部落妇女。

大家都不约而同地绕开那个事实。

而事实就是，他不约你，其实是他对你没兴趣。

剧中好几个女人，我也只记得 GiGi。

她天真烂漫，和第一个男人初次约会后，等不到男人再约，就主动打电话，自己跑去酒吧希望偶遇；和第二个男人交换名片后，追着问对方到底谁先给谁打电话；和第三个男人在亲吻时，男人告诉她要暂时去波士顿；第四个男人是酒吧老板 Alex——她的爱情顾问，自作多情 Alex 喜欢她，在 Alex 家聚会结束后，直接扑过去强吻 Alex，弄得 Alex 不明所以。

起初我不喜欢这个傻乎乎的 Gigi，后来也不得不承认并欣赏她的勇敢。

那晚离开时，她哭着说，也许我做了那么多蠢事，但我知道我离找到比你好的人更近了。

在每一次遇到对她没兴趣的男人后，她还能百分百投入继续寻找下一段恋情，一点都不会嚷着从此不相信爱情了。

电影的结局是，Gigi 和 Alex 在一起了。Gigi 成了 Alex 的例外。

闺密的结局是，摇滚男劈腿了那个他送玛格丽特小饼干的女生。

承认他并不那么喜欢你，真的没那么糟糕。

我和闺密边吃舒芙里边重新温习了这部电影。

我特别喜欢电影结尾的那段旁白：有时候，我们太专注于寻找完美的结局。我们没有学会辨认他人的信号，没有学会谁是真心的谁不是，没有学会分辨谁会留下而谁会离去。也许，完美的结局没有给你一个完美的男人。也许只是你，凭自己的力量，捡起散落一地的碎片，再重来一遍。或许幸福的结束只是，继续前行。再或者幸福的结局是了解到所有的未回复来电与破碎的心，通过所有失策与误读的信号，通过所有的伤痛与尴尬，你依然永远、永远不放弃希望。

这些天，被夏末秋初的雨水洗刷过的城市，显得格外清亮、干净。每天早上在柔软的被子中醒来时，已经能感觉到一<u>丝丝</u>凉意了。

我和闺密都知道，这个城市最美的季节来了。

你是等不回来那个人的

一个不爱你的男人，对你最好的方式是直接明白地跟你说：抱歉，我不爱你，我们之间没有可能。虽然残忍，难以接受，但这是他作为男人的磊落。

他不给你任何希望，那意味着他不会给你带来任何失望，如果你傻到飞蛾扑火，那是你作茧自缚，不是他单方面主动造成的，亦算不上他的错。

最可怕的是，他明明不爱你，却与你纠缠不清暧昧不明，无期限地拖着你。在你犹豫不决想要放弃的时候，他用廉价的温柔与体贴迷惑你，不费一兵一卒，让你主动丢盔弃甲；在你对他信任无比死心塌地至死不渝时，他却给你泼一盆凉水，让你觉得自己是个笑话。

不管是他先给你一颗糖，再给你一巴掌，还是先给你一巴掌，再给你一颗糖，实质都没有变，他不爱你，又不想你不爱他。

因为，没有人会不喜欢自己身边多一个人爱自己。

但是，对于这样的人，你千万不要自欺欺人，给自己期待，消耗大量脑细胞为他找爱你的证据。那样，你就真是太傻了。

真正爱你是不需要证据的，你摸摸自己的心就能知道结果。

你是等不回来他爱上你的。

辰辰生病住院半个月，那个所谓的男朋友仅来看过一次。在病房里待不到两小时，就匆匆离开，忙着赶回公司开会。

我们都说她男朋友未尽身为男友的义务，一点自觉性都没有。

白天工作忙，可以晚上来看看你；晚上加班，至少可以打打电话吧。偶尔的几条短信，还要苦等半天才回。这样的男人，真让人心力交瘁。普通朋友来看望辰辰的次数都要比他多。

偏偏辰辰还不喜欢我们说他，每次都替他辩解。

"他刚从香港被派到北京，有很多棘手的事情需要他去处理，工作忙也是非常正常的，要理解。"有时，解释说太多了，自己都开始难以说服自己。

一个星期后，辰辰出院，男友终于现身了。

"最近公司业务整合，每天加班到凌晨两三点，想打电话给你，听听你的声音，但又不忍心打扰你的好梦，你怎么怪我我都接受，只要不生我的气。"

一束玫瑰，一个吻，加一顿烛光晚餐后，辰辰哪还会有之前暗自纠结不爽的小情绪？

辰辰和他是在回北京的飞机上认识的。

晕机的辰辰还没走到洗手间就吐了一地秽物，还溅到离她最近的那个乘客的裤脚上。那个乘客就是他，那天，他第一次来北京，是香港总部委派过来拓展业务的。后来，他成了她的男朋友。

辰辰非常不好意思，不断跟他说对不起，却意外地接到了他递过来的水和手帕。

"小姐，你没事吧。先漱漱口擦擦吧。"

"喔，没……没事……谢谢。"

温柔的声音，细心而体贴的行为，一下子就俘虏了辰辰，让她说话变得结结巴巴。

下飞机后，两个人交换了名片。

第一次，辰辰主动请他去全聚德吃烤鸭，谢谢他不但没为自己带来的麻烦不爽，反而还主动把手帕借给她用。

这样绅士的男士，很是少见了。

一顿晚餐的时间，两个人便成了朋友。

几天后，辰辰去新客户公司开会时居然又碰到了他。原来公司的新客户就是他们。世界真小，转一圈后还能再遇到。

最开心的当数辰辰，她不再需要主动约他，就可以和他经常见面。连老天都在暗地帮她。

和他认识一年后，两家公司的合作关系结束，辰辰主动跟他表白了。他没拒绝，也没答应，给她的回答是：我需要思考一下，我对感情很认真，不想随便答应或是拒绝你。

辰辰一点都不伤心气馁，反而感动不已，觉得自己没看错人，认为他是个特别靠谱的人，绝对值得她爱。因为他语气那么认真地说不能随随便便就开始一段恋情，那样对彼此都是不负责任的表现。

他思考良久后的结果是，他们在一起了。

有一天，他出差美国，辰辰突然接到一个陌生的电话，电话那端是个女人的声音。温和，而透着一股凉薄。

她对辰辰说：我打电话给你只是想告诉你现在爱上的男人是个什么样的人，他是有家室的人，女儿今天刚满五岁，我们一家人刚刚吃完蛋糕。

辰辰不相信，打电话向他求证，电话却一直无人接听。时间一分一秒地过去，她的心也一点一点地往下沉。

两小时后，他才回电话过来，跟她坦白自己已有家庭的事实。

"但我和我老婆早就没感情了，不然也不会接受公司委派到北京的机会。我们两个是为了女儿才勉强凑合在一起。辰辰，请相信我，我深爱的是你。我会跟她离婚的，相信我，好吗？"

原本生气想要和他一刀两断的辰辰，在听到他这番甜言蜜语后，心里选择相信了他。他不爱他老婆，他会跟他老婆离婚，他爱的是她，她就等着他离婚好了。

他从美国回北京，辰辰仍然和他在一起。

她一直等着他离婚，等着那个破坏别人家庭幸福遭众人唾弃第三者的骂名从自己身上消失。

后来，在一次马尔代夫之旅后，这个男人突然不告而别，结束了北京的工作，回到了他老婆身边。

一直等着他离婚的辰辰，却等到了最意想不到的结果。

一个有家室还和你在一起的男人，最终回到他老婆身边，不能说明他就爱他的老婆。他抛弃老婆，和你在一起，也未必代表他就爱你，那还得看余下的几十年，他身边是否就一个你，从一而终。

也许，他谁都不爱，他最爱的是他自己。

这样的人，你是永远都没法奢望他会爱上你的，你是永远都等不回来的。

分开后才发现是深爱

之岚喜欢秋天，不是深秋，而是初秋。

林语堂也在《秋天的况味》中说他大概所爱的不是晚秋，是秋初。那时暄气初消，月正圆，蟹正肥，桂花皎洁，也未陷入凛冽萧瑟气氛,这是最值得赏乐的,那时的温和,如我烟上的红灰,只是一股熏熟的温香罢了。

之岚倒不是因为那初秋的月、蟹、桂花,以及那时空气的温和。

是因为初秋时节,她遇到了昊天,在枫叶洒满大地的路上。

遇见昊天时,她刚刚从一场虐恋中走出。

说是虐恋,其实不过是她一个人自作多情的独角戏。

在一场春雨中,之岚偶遇了自己高中时暗恋的男生,自己心有所动,以为还是喜欢在作怪,奋然弥补青春年华时的表白。

男生当时已和前女友分手,正处于空窗期,所以欣然点头。

因为新鲜或者解闷而在一起的人,能走多远,大家都可想而知。三个月的新鲜期一过,男生就开始和其他女生搞暧昧。

两个人吵架,分手,之岚不知是舍不得还是不甘心,又求着复合。

卑微的姿态低到了谷底,男生最乐意看到这种有女生非他不可的情景,傲然自恋到不行。

分分合合四五次后,之岚终于幡然醒悟,对自己好一点就是要彻彻底底和他分手。

分手后,闺密给痛苦不堪又要努力坚强的之岚看了篇帖子——《失恋三十三天》。

这小说简直太适合失恋的之岚了，爱，就疯狂，不爱，就坚强，绝对是最好的治愈。

后来，知道小说改编成的电影要在光棍节上映，之岚早早地盘算好要去看，还就锁定光棍节那天，尽管一票难求。

只是，本来计划自己一个人去看电影的，后来，不期然之中又多出了一个昊天。

缘分总是这样出其不意。

老天会让你遇到你想遇到的那个人，而留不留得住，又要看你们之间的缘分有多深。

某天，之岚在豆瓣同城上看有没有好的活动，无意之中看到那个和陌生人光棍节看《失恋三十三天》的活动。

之岚点击了感兴趣,关闭网页的前一秒又点击了参加。

第二天她收到好几个人的豆邮,这让她完全没想到。

她随便回了一个人的豆邮,随便到都没看他豆瓣的头像,而那人就是昊天。

光棍节那天晚上,他们约在中关村购物中心见面。在人群中见到昊天时,之岚想不到他长得又高又帅。

对这种网友见面不抱任何希望的之岚,看到他倒是微微一惊。一米八三的身高,不胖不瘦,小平头,帅帅的,长得很像黄觉。

两人吃饭时,昊天很绅士,是自然流露出的那种绅士,而非装腔作势。这点让之岚感到两个人相处蛮舒服的,像是认识了好久的朋友,一点都不紧张,也不尴尬。

吃完饭后,来到电影院,人爆满,排了两个小时才买到票。

看到黄小仙在东直门外大街追赶前男友陆然的出租车时,之岚还是流了几滴泪,在影片中好像看到自己的影子。

昊天悄悄地用手帕给她擦眼泪。

电影结束后,已是后半夜,之岚提议走路回家。

半夜的街道,几乎没有人,只有呼呼而来的车辆和孤零零的路灯,黄色的光,不明不暗地照着,安静得只听见彼此走路的脚步声。

秋风一阵阵吹来,金黄的枫叶一片片飘落,脚踏上去吱吱响,这条路走到一半时,之岚回头望,那走过的路都铺上了一层枫叶,像极了结婚时一对新人走过的地毯,只是这地毯是黄灿灿的,不是红色的。

初次见面,两个人算是都给对方留了个好印象。

后来,昊天又主动约之岚出来吃饭看电影。

认识不久后,昊天有天说,希望之岚能考虑他,做他女朋友。之岚考虑了三分钟,就点头答应了。

两个人在一起很甜蜜,昊天非常非常宠之岚。

在餐厅点餐时,之岚看到菜单很多都想吃,昊天就会把所有之岚喜欢吃的都点一遍。之岚的朋友因为帮了别人一个忙收到了别人送的花,之岚在微博上顺手转发了一下。那天晚上,她和昊天见面时,昊天就捧了一大束玫瑰花站在她楼下。

热恋的时候,之岚被公司派去台湾分公司交流几个月,昊天每天电话不断。之岚吃不惯台湾的便当,昊天给她寄了一大袋大陆美食过去。其间,他还请假去台湾看之岚,和她一起环岛游台湾。

两个人偶尔吵架,从来都是昊天主动认错,求得原谅,万般哄着之岚。

这段恋爱中,之岚宛如女王。

有一次,两个人说起第一次见面的情景。昊天老老实实地承认对之岚一见钟情,看到之岚的第一眼,感觉自己的眼睛里都有光了。

之岚从台湾回来后没多久，又因为一些鸡毛蒜皮的小事和昊天赌气冷战。次数多了，昊天不明所以，觉得之岚任性至极。有一次两个人吵架，他说了她几句，之岚哪受得了，直接转身就走了。

昊天怎么追都追不上。

回到家，之岚一个人坐在房间里越想越气愤，然后拿起手机冲动地跟昊天说要分手。她以为昊天还是会一如既往地哄着她，殊不知昊天却说：这么多次了，我也会累的，你要分手就分手吧。

听到这里，之岚赌气直接挂了电话。

后来，两个人再也没见过，断了联系，就这样永远地分开了。

这段甜蜜的爱情，出其不意地开始，尔后又匆匆忙忙地结束。

之岚心里是根本没想过要分手的。女生提分手，不过是希望被男生挽留或者引起男生的重视；而男生提分手，则是真的想要分开了。

她那么有底气说分手便分手，不过是因为她以为自己对昊天还算不上爱，至多只是喜欢而已，这段感情里付出多的是昊天，自己付出得少，所以就以为没有爱上。

喜欢和爱完全不同。喜欢一个人，你不会想到将来，那一刻开心就好；而爱一个人，你开始憧憬明天，奢望永远在一起。

只是，这次，之岚却算漏了自己的心。

每当黑暗袭来时，之岚心中便有一阵抽痛，看到任何东西都能联想到昊天。昊天背着她走过的天桥，昊天和她一起在世贸天阶跨年时说的"我爱你"，昊天为她一次性买所有口味的哈根达斯，昊天为她买的围巾，昊天和她一起听的演唱会……

分开之后，她才发现生活中一点一滴都是昊天。

自己的心，早就没看住，丢在昊天身上，找都找不回了。

分手后，之岚也交往了两个男友，每一个男友都是不到三个月就分手，而且两个男友都长得和昊天十分相似。

之岚从那些相似的人身上寻找昊天的影子，最后都要清醒而残忍地面对现实，他们都不是昊天。

后来，之岚再也没谈恋爱了，打定主意一直单身下去。

因为，再也不是昊天了。

起初，料定自己只是喜欢，就不甚放在心上，仗着别人爱自己，有恃无恐。后来分开，才发现原来自己对他是深爱，非他不可。

所以，人在恋爱时，不要高估自己的心，也不要低估别人的心。

也许，你始终都想不明白，自己何时从喜欢他变成爱上了他。

III

世间所有美好,都恰逢其时

在斑驳的岁月中,遗落在心底的,并非宏大的事物,而是那些细腻微小的温柔。生命的驿站喧嚣而荒凉,值得庆幸的是,重要的人始终陪在身边。正是由于此,我们才更要尽情地追寻着,珍惜着。唯有不辜负每一个阳光明媚的日子,才可遇见最珍贵的爱。

爱情开始的时候，离开

听太多旅人说起琅勃拉邦的慵懒、精致、古色古香，不过又是另一个清迈。在阳光眼中，琅勃拉邦就是个中转站，她是匆匆过客。

阳光留给琅勃拉邦的时间只有两天，四十八小时。

世上有那么多让人出其不意的事情发生，而恰恰让在琅勃拉邦两天里的阳光撞上了。

阳光是在开往琅勃拉邦两天一夜的慢船上认识谷子的。

他们是船上仅有的两个亚洲面孔，船夫除外。

起初，谷子留给阳光的印象，怎么说呢？肯定谈不上好。戴着酷酷的墨镜，谁也不理，表情冷漠而高傲，耳机声音大到坐在他旁边看书的阳光完全受不了。

阳光在心里把他骂个不停，表面还是礼貌而友好地说："您能把音乐声音调小点吗？我完全没办法看书了。"

邻座的谷子摘下墨镜，表情无辜地来了句："Sorry？（什么）"

此时，阳光才反应过来，他不是中国人，不懂中文。

阳光纠结地在脑海中拼凑英语。他看了看阳光手上的书，

再看了看自己的耳机，

说了迟到的"sorry"（抱歉）。

尔后，两人再无一言。

到琅勃拉邦后，阳光满大街找旅馆，却被告知旅馆已满，有空房间的，无一例外都是大酒店。没有住处的阳光打算回车站熬一晚。

在街上闲逛，看到满大街的人说说笑笑，而自己无处可住，像流浪汉一样。第一次，阳光感到孤单，还有凄凉。

撞到谷子时，阳光眼睛还红红的。谷子笑笑，算是打了个招呼。阳光不知哪里来的勇气，厚着脸皮问他住的旅馆是否有房。最后的结局，是两人分摊房费，阳光睡谷子房间，当然，她睡地板。

算作正式认识后，阳光才知道谷子原来是日本人。

那天晚上，阳光用蹩脚的英语和谷子聊天，很多说不出口的话题，以前不会和任何人说，但偏偏能脱口而出问谷子。比如，为什么男友选择了能给他买车的女生，却抛弃了她；为什么同龄人现在所拥有的生活，她可能一辈子都挣不回来。

说来说去不过是感情问题。困扰年轻女子的，除了爱情，还是爱情。

谷子也不知道怎么回应,便跟她分享了自己的故事。交往十年的女朋友,为了更好的生活,劈腿了他最好的朋友,他朋友是政府官员,而他不过是普通上班族。

老套的故事,却并不妨碍阳光大骂这些负心人、劈腿者。骂着骂着,自己的眼泪却流了出来。

那一晚,体贴的谷子安慰她半宿,主动睡在地板上,阳光一夜好眠。

第二天,两人早起见到彼此,都稍显尴尬。看到谷子睡地板,买好早餐,阳光感到窝心,第一次在别人的照顾中醒来。

很明显,昨晚的彻夜长聊,不觉中已拉近了两人的心。

谷子租了辆摩托车,带阳光去达光西瀑布玩疯狂跳水,去普西山看日落,玩遍了整个古城。累了,一人一杯水果奶昔,坐在街边聊天。

两个人默契得不得了,喜欢的景色那么一致,爱吃的食物也那么相像。当地人都错把他们当情侣。

原本,阳光只打算一直待在旅馆,因为谷子,却经历了那么美妙的旅程。

一天下来,两个人已是彼此的满分旅伴,一起分摊房费、车费、餐费,一起分享快乐,忘掉不快。

在这个陌生的国度,两个受过情伤的人有种惺惺相惜之感。

很奇怪,有些人,明明才认识不到二十四小时,却好似认识了一辈子那么长;有些人认识了一辈子,却好像才认识几天。

卿不知,识虽短,相见恨晚。

阳光离开的那天,谷子凌晨五点叫醒她,带她去看琅勃拉邦清晨的布施,身穿黄色袈裟的僧人走在街头接受信众的布施,整个过程安静而庄严。给予成了离别的这天中美好的开始。

谷子说,不要纠结已发生的事情,过去的就让它过去吧。爱不是恨,不是不甘心,而是祝福。

阳光在走与留之间无法选择。

她想和谷子一起继续旅行,她喜欢这种安心的感觉。上一段苦恋让她整个人透不过气来,此刻,和谷子待在一起,和他好像不是相遇,而是相逢。

那种感觉,就像昨晚旅馆停电,她下意识地去找他,而不是找灯。

是的,她迷恋上了他。

但,阳光最终还是决定按计划离开。

他们拥抱,留给彼此一个离别之吻。

上车后,阳光收到谷子的短信:也许,你早已看出来了,我很喜欢你,尽管我不想你离开,但你这么选择也许是对的。

尽管,我们是那么喜欢彼此,但不得不承认,有时候让美好停留在这一刻永远比在一起后又因各种原因分开更好。

阳光离开了。

她把爱情留在了这儿。

四十八小时的爱恋,成了她一生中难忘的美丽回忆,随古城而永恒。

比美人迟暮更糟糕的是自我放弃

某年八月,退出娱乐圈、隐居加拿大温哥华十一年之久的一代女神王祖贤悄然回港。

报纸娱乐版迅速刊登出几张女神回港时的照片:白衣蓝裙的她,虽然白玉美腿依旧,但笑容稍显僵硬,眼鼻走样,甚至有点水肿。

千万网友难以置信,曾经的女神已经一去不复返。过去惊艳脱俗,像仙女下凡,多少男人的梦中情人,众人仰望的女神,如今只剩白云苍狗,空余悠悠。

同样的还有曾经红遍大江南北的琼瑶女郎陈德容。

童星出身的她,自然是美的。但让琼瑶甘愿等三年,从十四岁成长为十七岁亭亭少女的她，必然惊为天人。

果然，陈德容没让大家失望。

《梅花烙》中的白吟霜，温婉柔弱，眼泪汪汪，我见犹怜，一下震惊四座。不知道，原来世上真有不食人间烟火的女子。

记得当时播《一帘幽梦》，我还在读小学。寒假在舅舅家，每天晚上八点就睡，两个小时后再爬起来追此剧，第二天早上的重播必然也不肯错过，一碗饭通常要到电视剧结束才吃完。

后来，因为升学压力开始增大，家里不允许我看电视，我也很少再在银幕上看到她。

等到长大，在网上再看到她的照片，年华逝去，自然不能与往日相提并论。有人形容她的美，如风卷残云，来得快去得也快，真是再贴切不过。

对于美人迟暮，除了唏嘘外，大家也只空恨时光之残酷。因为我们都再明白不过，再美丽的容颜也抵不过岁月的流逝。

我从来不觉得四五十岁的人还要拥有二十多岁的年轻面容与肌肤才是美丽的。那过于苛刻，说得不好听点，甚至有点刻薄。

没有谁规定女神就要永远青春靓丽，女神就要永远肤如凝脂领如蝤蛴，女神就要永远巧笑倩兮美目盼兮倾城倾国。

在时间的魔力下，任何人都无法阻挡生命的自然规律。变老，皱纹爬上眉梢，皮肤松弛粗糙，都是很正常不过的事。

我们不能接受的，并不是容貌不再年轻。很多时候，我们只是不能接受那段最美时光和岁月的逝去，并且已经永远地逝去。

眼睁睁看着它走远，却无力阻止，因为徒劳。

不必担心容颜老去，更不必叹息美人迟暮。迟暮的美人，依然有种别样的优雅与高贵，比如林青霞。

大概没有人能忘记十七岁的林青霞在琼瑶自传式电影《窗外》中的样子。单单那张双手托腮，眼神略带忧郁的剧照就足以让人惊艳。

飘逸、慧黠，又灵动。

徐克曾评价她，五十年才能出这样一位大美人，她的高贵，其实带着一种英气，比男人还俊。

人美就够了，演技还那么棒。

《滚滚红尘》中颠沛流离的女作家沈韶华，让她获得台湾金马奖最佳女主角；《笑傲江湖》中东方不败的经典，迄今无人能及。

后来，她嫁作商人妇，相夫教子。

再出现在媒体眼中，已摇身变成了作家，前半生的记忆都被捶字成铅，浓缩成散文集《窗里窗外》。

"人生几何,风华绝代!"

优雅与年龄成正比,不断带给人惊喜的,还有张曼玉。

2014年4月,草莓音乐节,贵为影后的她首次以歌手的身份献唱。

面对网友揶揄她的嗓音及跑调,我记得那天她顶着六级大风说:"我知道我在上海草莓各种跑调,但我演了二十多部电影还有人喊我是花瓶,所以我今晚可能还是会跑调,但给我二十多次机会,我就不信自己不行,我今年49岁6个月47天,我没到五十,我站在这里是想完成自己年轻时的梦想,我很骄傲。"

她谈年龄说,亚洲人才比较介意老去这个事情。我小时候在英国长大,然后在巴黎生活了十年,那里的人没有这种观念。为什么非要年轻、没有皱纹才是美呢?人不是一定要美,美不是一切,它可能会浪费人生。美要加上滋味、加上卅心、加上别的东西,才是人生的美满。

这真是一个太棒的女人。

貌美智慧,生命力强盛,恣意洒脱。时而优雅干练,时而又不停地奔放,释放生命之能量。

我等凡人,只有踮起脚尖,仰望膜拜。

你看，老去并非一件可怕的事。

其实，真正可怕的是自我放弃经营。美貌，生活，还有人生。

我妈同事的女儿，年轻时也美得不可方物。凭借美貌，交过各种富二代官二代男朋友。有一次，在飞去香港的飞机上，与机师相识，后来香港机师成了她的老公。

她在老家举办婚礼时，我才不过十岁出头。左邻右舍，沾亲带故的人都赶来贺喜，对他那个香港飞行员老公赞美不已。因为那飞行员老公不仅长得英俊潇洒，关键还人品好、懂礼貌，一点架子都没有。

那个时候，我们那个小城，谁都没见过这种电视或小说中才会有的人物。用如今的语言来说，那真是高端大气上档次。

所有的人都对那个姐姐艳羡不已，嫁了这么好的老公，这辈子哪还用想什么呢？我也是这么想的。

可是，事情的发展出人意料。

后来，我上高二时，听到了那个姐姐离婚的消息。

结婚后的她，放弃了工作，在家当了阔太太，什么都不做，要命的是她还喜欢赌博，每隔两三天就去澳门豪赌。

然后，就离婚了。

离婚后的她回了老家，因为没有一技之长，根本找不到好的工作；而一般的工作，对于曾经习惯了富裕生活的她，自然是瞧不上。

于是，待在家啃老，天天还照常去茶馆打牌，完全是自我放弃了。

年华已逝，容貌不再，还离过婚，在那个几乎人人都相识的小城，她大概也知道再嫁出去已是很难的了。

大家往往最恐"草木之零落，美人之迟暮"，觉得那是世界上最无可奈何的悲哀。

但其实，真正让人悲哀的是，迟暮之后的自我放弃经营，自暴自弃，等着他人的解救，或者干脆就这样一直放纵下去，停止了追求，停止了尝试。

只愿我们平凡普通之人，不管是否拥有美貌，是否已在迟暮之年，都不放弃自我，好好经营自己，遇见更好的自己。

生而在世，我很抱歉

我会看这部电影——《被嫌弃的松子的一生》，是因为朋友在微博上@我，那张斗鸡眼的扮丑搞怪照片下配着几句台词：

只要是女人，无论是谁，都憧憬童话中那可爱的白雪公主啊灰姑娘啊。可是，不知道哪个地方的齿轮不对，本来憧憬着成为白天鹅，醒来却发现变成了黑漆漆的乌鸦，但是人生只有一次，如果这是童话的话，那这童话就太残酷了。

生而在世，我很抱歉。

究竟是什么样的一个人，度过了怎样悲惨的一生，才能有如此字字泣血、句句揪心的感悟。

一个人漫长而悲惨压抑的一生，在两个多小时艳丽温暖的光影世界中讲述完毕。

如此愚笨如此傻的松子，让人又爱又恨。

学生偷了旅馆主人的钱不肯主动站出来认错，不愿意因为这件事毁了学生前途，自己拿钱还回去。自己的不够，还"拿"别人的钱，替学生背负盗窃的罪名，最后被学校辞退。这不叫热心善良，这叫又傻又蠢。

当然，这是松子人生中最重要的转折点。

之后，她收起行囊，冲出家门，毅然决然地踏上了一条崭新的路途，也许她自己都未曾预料到，新的路途连接的是她命途多舛的一生。

和江郎才尽的作家同居，忍受他古怪的脾气和家常便饭般的殴打与虐待，脑海中却从未想过离开。为了让他安心写作，一心一意地努力赚钱，甚至去鱼龙混杂的"白夜浴场"应聘，找亲弟弟借钱。这不叫爱，这叫自我作践。

目睹作家男友自杀后，居然和他的竞争对手同居，被其利用以证明自己的成功，敌不过他老婆，然后惨遭抛弃。随后，自暴自弃当上浴室女郎，开始卖笑生活。这不叫没得选择，这叫自甘堕落。

认识花花公子，又被背叛，在一次争执中将花花公子杀死。逃亡途中和憨厚老实的理发师相爱，幸福的生活昙花一现，因为警察找到了她。

多年的牢狱生活结束后，看到理发师与新妻子的幸福生活，松子默默离开了。这一次，我以为她终于想通了，将开始真正全新正常的人生，想为她拍手称赞时，却看到她和偷钱的男学生鬼混到一起。

最终，松子茕茕孑立，死在了和童年家乡那条河相似的河边。

上天给了她很多不算太迟，还可以重新再来的机会，她统统视而不见，心甘情愿地选择那条通向无尽的黑暗的路。

你恨不得走到她身边，给她一巴掌，让她看看她把自己的生活过成了怎么糟糕的模样。但又忍不住心疼她，想给她一个拥抱，或是伸一只手给她，将她拉出那骇人的深渊。

她又蠢又傻,在男人的世界里寻觅爱。

她爱得勇敢,爱得纯粹,爱得彻底,也爱得遍体鳞伤。

可是,你又打心眼里欣赏她,撞了南墙不回头,头破血流后依然往前走的勇敢。尤其是她毫无疑虑,那么坚定地说,我要跟着他,就算下地狱。

因为,勇敢是一种多么美好难得的品质。

"我觉得人生完了。"

下一秒,她又能满血复活,站起来再打生活中乱七八糟的小怪兽。

她总让我想起艾佛烈德·德索萨(Alfred D'Souza)的那首诗:

Dance as though no one is watching you.

Love as though you have never been hurt before.

Sing as though no one can hear you.

Work as though you don't need the money.

Live as though today is your last day.

去爱吧,就像不曾受过伤一样;

跳舞吧,像没有人会欣赏一样;

唱歌吧,像没有人会聆听一样;

干活吧,像是不需要金钱一样;

生活吧，就像今天是末日一样。

第一次看这部影片时，我还在男朋友的宠爱、象牙塔的庇护、亲人与朋友的爱护构筑起来的幸福堡垒之中，不曾尝过社会的一丁点苦，过着顺风顺水的生活。

第二次再看时，是我开始过得特别糟糕的时候。

毕业后，男朋友无法坚持异地恋，提出了分手。不过短短两周，他的微信中开始晒出和新女友的恩爱照片；我却还傻傻地站在原地，期待着他什么时候说"咱们和好"吧。

刚踏入职场，全英文会议记录漏掉关键信息时，被总监骂；简报创意不够明确时，被总监骂；方案写得一塌糊涂时，也被总监骂。

每天早上睁开眼，想到工作，便如上刑场般煎熬。本来不够的自信心如同残破的城墙，一丝一丝地裂开，然后轰然倒塌。

更要命的是，接到爸妈的电话，明明心里难受得不行，还要强忍住眼泪说过得很好，因为不忍心看到他们替我担心而彻夜无法入睡；无法向朋友倾诉这乱糟糟的一切，因为他们各自的事都忙不过来，我也不好意思开口；甚至于哭，都只能默默流下两滴眼泪后，洗把脸又一边看资料一边写方案，因为第二天要给客户提案。

每一秒，脑袋中全是放弃的字眼；每一天，都觉得自己坚持不下去了。

那个时候,我多么希望自己也能像松子一样,被生活磕了一道一道伤后,还能揉揉伤疤,继续站起来,再与生活一战到底。

松子的弟弟抱着她的骨灰盒,对儿子说:她的一生,毫无意义。

可是,到底什么样的人生才有意义呢?

是不会放肆爱,拼命计较得失,始终把自己圈在一定的安全距离中,最后当然也不会受伤,一切安稳平淡如水获得世俗的幸福结局,还是不求回报地付出,受了伤不计前嫌还要百分百地去爱、去追逐,即使最终被生活抛弃,人生惨淡收尾。

我不知道。

正如影片介绍中那句话所说:"不管生活再怎样破碎,她仍然本能地生存下去,这生存本身,足以打动任何人。"

也许,生存本身,生而为人,就是最大的意义。

爱,是不离不弃的陪伴

定居新加坡十余年的姑妈,接到了奶奶打来的国际长途。

奶奶吞吞吐吐地告诉她,前些天遇到姑父那边的亲戚,从他们口中才得知姑父被查出癌症，刚刚结束了第一次化疗。那个年轻的妻子请了护工后，就很少再去医院，据说要和他离婚，出国。

"你看要不要回来去看望看望他，毕竟曾经夫妻一场？"

姑妈有点不耐烦："妈，他是死是活，我都不想管。我现在在机场，要登机了。"

当年姑父为了个年轻的姑娘执意要和姑妈离婚，不惜净身出户，甚至连女儿都不认。

这件事，一直是姑妈心中永远不可愈合的伤口。多年过去，伤口已结痂痊愈，可是，那种痛与屈辱，这辈子恐怕都没法忘记。

曾经爱得有多深，心里的伤就有多重。

姑妈和姑父是自由恋爱结婚的。

在长沙读大学期间，姑妈和同学一起出去玩时认识了姑父。姑父忠厚实诚，细心体贴，懂得照顾人，天天帮姑妈提热水送早餐，风雨无阻，没过多久便赢得美人芳心。

那时，姑妈是大学生，天之骄子，有三个哥哥，她是家里唯一的女儿。而姑父初中未毕业，在大学里当保安，家里兄弟姐妹多，常常穷得吃了上顿没下顿。

在事业单位工作的奶奶一点都看不上姑父，家里条件不好且不说，还没有文凭。怎么看，宝贝女儿嫁给他都只有吃苦的命。

姑妈带姑父回家的那天，奶奶开门见山地表示，不同意他们在一起，也不允许他们再交往。爷爷没有发表意见，既不赞成，也不反对。

可是，热恋中的姑妈爱情最大，哪里会把奶奶的话放在心上，当然是继续偷偷地和姑父谈恋爱。

毕业后，姑妈被分配到西南地区一个落后的边陲小镇，离家千里万里。姑父辞掉了保安的工作，追随姑妈到了西南，自己开始做小本生意。

一年后，两个人结婚。

爷爷奶奶看到姑父义无反顾跑去那么远照顾姑妈，看得出他对女儿真正的爱，对他们的结合，就没有多说什么。

20世纪90年代初，国有企业改革浪潮席卷全国，姑妈放弃铁饭碗和姑父南下广州经商。

从摆地摊开始，到借款开公司，自己跑客户。到21世纪初期，他们的公司扩展到中国香港、上海和新加坡，三地各有一家分公司，员工超过五百人，广州和新加坡别墅各三套，资产上亿元，女儿在国际学校读初中，一年二十多万的学费。

两个人，两双手，两颗共同奋斗的心，最终还是有所成就，称得上圆满。其中也经历过被东南亚皮包公司欺骗破产，到东山再起，事业有起有落，艰辛自然不必说。

姑妈一家每次过年回家，亲戚朋友都不住感叹姑妈是人生赢家，眼光好，曾经一贫如洗的姑父，谁也没想到二十年后事业如此成功。

人生多变，世事难料。

更让人没想到的是，十多年后的姑父会为了公司里一个年轻漂亮的姑娘要和结发妻子离婚，就像谁也没想到二十年后的姑父会身患重病，谁也没想到姑妈还能放下往昔恩怨，回来照顾他，陪他走完生命的最后一程。

只能共苦，不能同甘，真让人悲哀而心酸。

离婚那会儿，姑妈异常冷静，不哭不闹不挽回。

她自己说："跟他生活十多年，我太了解他的偏执了，他既然心意已决，那是九头牛都拉不回来。与其两人撕破脸，还不如好聚好散。"

这样理智而勇敢的姑妈，让人害怕，让人佩服，却也让人心疼。

后来，两人达成共识和平离婚，家产的三分之二划到了姑妈名下。

此后，姑妈带着女儿定居新加坡，只是偶尔春节回来看看爷爷奶奶和三个哥哥。

听到姑父身患重病的消息，我们都不禁感叹，世上也许真的有报应这回事。

爷爷奶奶心善，还去医院看这个曾经的女婿。化疗后的他，身体瘦弱不堪，说话有气无力，看到爷爷奶奶来，吃惊不已，尤其是当他们身后的姑妈出现时。

十多年后再见面，居然是在生死无常的医院，一个好好的人，生命却在一点点消耗，真是物是人非。

刀子嘴豆腐心的姑妈，接到奶奶电话的那天就从新加坡飞回了广州。曾经夫妻十多年，关键时刻，情义不减半分半厘。

那天离开医院时，姑父眼睛湿润地说："看到我这个样子，心里是不是舒坦多了？"

"是，但更多的只是希望你好起来。"

"对不起。"姑父偏转头，幽幽地说道。

回家的路上，姑妈无声地流泪。

"看到他躺在病床上毫无生气的可怜样子，心中哪里还有恨与怨，满脑子都希望他好好的，像过去那样生龙活虎、风风火火。"

此后，姑妈每天都来医院照顾他的饮食，陪他聊天，推着轮椅带他出去晒太阳。有时护工不在，擦身体、换药、扶他去洗手间都是姑妈。

医生来检查身体，问姑父每天来照顾他的是不是亲戚。

"他是我前妻，十多年前离婚了，责任在我。唉……现在我这样，也算是报应吧。如果有下辈子，我还希望她能重新做我的老婆，这一世的债没办法还了，只有来生了。"

躲在门口，听到这些话的姑妈，眼泪直流。

第二次化疗后，姑父的身体一天比一天衰弱，后来已经完全认不清人了。

一个月后，姑父平静地走了，临走前还紧紧抓着姑妈的手。

姑父这一生，最年轻最美好的时光，姑妈陪在身边；生命最后几个月，姑妈陪在身边。一个人生命最美与最后的时刻，身边是同一个人，本该是最幸福最暖人心的。

可是，这中间一旦有过恩恩与怨怨、是是与非非，不知道究竟该说是幸还是不幸。

应该还是幸福的吧。

因为爱，才不离不弃地陪伴，或长或短。

轻易得到，也能轻易失去

杭州是我非常喜欢的城市。

江南水乡，烟雨朦胧，寂寥的雨巷，撑着油纸伞的姑娘，连惆怅都优雅得赏心悦目，实在是谈情说爱的完美圣地。

可惜在杭州出差半个月，每天被山一样繁重的工作包围，只希望一天能有四十八小时让我们用就好，哪还有什么心情来游山玩水？所以在杭州的半个月哪里都没去，行程范围在客户公司与酒店间，连西湖都是坐车时远远路过。

回北京的前两天，为了犒赏我们，总监特别请大家去某个私人山庄泡温泉。

阴冷的冬天，山间露天温泉，雾气缭绕，蒙蒙细雨，原生态草棚，好似进入了世外桃源，平日的烦琐、负担、焦虑全都不见影踪。

这样忙里偷闲的享受，才叫人难忘。

泡完温泉，换衣服出来，我和同事忙着拍照，远远地听见有服务员询问是否要做马杀鸡（泰式按摩），听那声音，我愣住了。

我没想到会在这里遇见她，我的远亲堂姐。

当年那场盛大的奢华婚礼，让多少人艳羡。我依稀还能记得那日她的娇羞，"最是那一低头的温柔，像一朵水莲花不胜凉风的娇羞"。

可怎会落得如今这般狼狈?

堂姐长得特别漂亮,是我们那儿有名的美人。尤其是穿旗袍时,温婉而有韵致,是那种润物细无声的美,天下男人尤爱这般娇小可人的人物。

高考没考好,只能读个三本学校。伯伯本来不想让她继续念书,想让她出去打几年工,然后再回来嫁人,这是我们那儿很多没有上大学的女生的人生必经之路。

可堂姐不同意,哭了好几天。看到她这副委屈模样,伯伯他们心软了,三本就三本吧,也是个大学文凭,总还是比没有强。

于是,堂姐去了离家大约四个小时车程的杭州上大学,学酒店管理。

大三的时候,学校安排学生暑期在上海某个五星级酒店实习。其实就是客房服务员,每日工作无非就是按照规定程序打扫房间,保证客房的清洁与整齐。

有个周末,同学因家里有急事请假,她被领班安排代同学的班,专门负责打扫总统套房。她在走廊里推着打扫的小车,转弯时没注意,一下子就撞到了那位VIP客人。四十岁离过婚的男人却对她一见钟情,然后展开猛烈追求。

没过几个月,堂姐就怀孕了。

大四还未毕业，堂姐直接休学，毕业证也不要了，挺着六个月大的肚子嫁给了这个四十岁的土豪男人。

伯伯当初是坚决不同意堂姐嫁给一个年龄都快赶得上他的男人，还离过婚，传出去多被人笑话呀。可当看到那个男人豪气十足给他们家买房又买车后，还是硬生生地将"不同意"三个字咽下去了。

这个世界，年龄绝对不会是问题，离过婚也不会是问题，钱才是问题。

亲戚们有的艳羡堂姐嫁了个有钱人；有的忌妒，觉得男人对她不过是图一时新鲜；有的惋惜一朵鲜花插在了牛粪上；还有的说读书好不如嫁得好。

结婚后，堂姐定居上海，逢年过节也很少看到她回来。听妈妈说，她好像又生了个女儿,儿女双全,幸福美满。

年纪轻轻就毫不费力地得到这种舒适生活,替堂姐开心的同时,我却为她感到隐隐不安,这样容易得到,也可以轻易地失去。不是吗?

后来,我开始忙着上大学、谈恋爱、写毕业论文、找工作,已经无心再打探堂姐的消息。

但几年后的今天,看到还在做服务员的堂姐,我真是弄不明白了。

现在的她,不应该在豪宅里安心做少奶奶吗?每天只需化妆、购物,和其他太太们喝喝下午茶,陪老公参加饭局,带小孩出去旅游就好了,怎么会来当服务员?

同事们先走了,我一直在山庄的咖啡厅里等堂姐。

晚上九点,她才姗姗来迟,一脸疲惫。

我开门见山地问:"到底怎么回事?"

"一年前,我其实就离婚了。他找了个更年轻的'90后'女生,那女生怀孕后还来找过我,他直接通过律师发来了离婚协议书,孩子抚养权都归他。我不想离婚又能怎么办,他有权有钱,我没有工作,生活费都是他给的,连请律师的钱都没有。我不敢跟家里人说,怕他们担心,也没脸回去。现在只能打工养活自己。"

听堂姐这么说,我甚至能想象到精明强悍的小三和堂姐见面的情景。柔弱,说话声都细如蚊蚋的她,又哪里会是小三的对手?

经济文化价值观都不对称的婚姻,离婚也是必然吧。

烟花灿烂一瞬,最终也必归苍凉。

我请假和堂姐一起回了老家。

伯伯伯母一边骂她一边哭,既气愤又心疼她。这么大的事,自己一个人偷偷扛着,多么心酸,那些黑暗的夜晚,又是怎么熬到天明的?

"离婚就离婚了,有什么大不了的,家里还不是永远都为你敞开大门。"

曾经有段时间,看到朋友同学、与我同龄的亲戚不是事业有成,就是家庭幸福,我还每天挤早晚高峰地铁、天天加班,活得特别恐慌,恐慌自己在三十岁时依然一事无成,存款没有多少,职业前景堪忧,也许还没有男朋友。

那个时候,我要怎么办?我会不会成为别人口中的笑话?我要如何才能过上自己想要的生活?

想到这些我就脑袋发痛,有段时间甚至还得了厌食症,什么都吃不下,两周就瘦了好几斤。朋友看到我状态如此糟糕,就过来和我住,每天陪我按时吃饭,晚上陪我聊天,我的状态才开始好转。

"只要你努力,得到的总比你想要的多。"她说。

后来,我把这句话写下来,塞进钱包中。每当我焦虑恐慌时,就拿出来读给自己听。

现在我每天都很忙,根本没有时间,也不再东想西想了。

堂姐的事也让我明白,如果不是通过自己的双手,勤劳付出后得到的一切,是不牢固的,像蒲公英的果实,风一吹,就散了、走了。

什么都比不上通过自己的双手努力获得一切来得让人安心。

你还是你,你也不再是你

叶子回德国法兰克福,在北京转机,离下一趟航班尚有五小时的空白时间。

我在机场见到她,一条紧身黑色长裤,黑色马丁靴,上身是简单的白色T恤,外面随便套了件风衣,齐肩长发,欧美范儿十足,简约而不简单。

眼前的她,哪里会看到过去那个胆怯、自卑、内向的姑娘的影子啊!

在德国待了七年，七年时光的精心打磨与雕琢，好似一块璞玉，已脱胎换骨，浑然天成地散发着独特魅力。

据科学家研究，人体细胞在不停地新陈代谢，每三个月替换一次，旧的细胞会死去，新的细胞将重生。全身所有的细胞都替换一遍，所需时间为七年。也就是说，每过七年，我们从生理上来说，就是一个全新的身体，就会成为另一个人。

你还是你，你也不再是你。

时光真是不可思议，七年一轮回，七年一次重生。

有些人，经过了那么多个七年，还是不会有任何变化，依旧自大、散漫、抱怨、浑浑噩噩，时光对他们来说，不过是年龄上增加的数字，仅此而已；有些人，短短七年就能焕然重生，

在时光的打磨下，越来越精致，越来越让人欣赏惊叹。

前两年有部特别火的关于初恋的电影《那些年，我们一起追的女孩》。

我和朋友排了三个小时队才买到票，电影院全都是情侣，只有我们是闺密。电影结束后，所有人都没离场，我们惋惜遗憾沈佳宜与柯景腾的错过，我们回味自己青涩的初恋，不知道她（他）在电影院又是否想起了我们。

那时，我收到一条短信，来自德国，是叶子发来的。

"我刚面试完，申请了 AIESEC 海外带薪实习的机会。所以，下个月就将去纽约，没时间回国了，这个春节，又没办法见面了。"

我想起了刚刚影片最后弯弯漫画获奖上台领奖的场景，为

这个场景搭配的台词是：所以成功的人不是特别有才华的人，而是坚持梦想到最后一刻也不会想要放弃的人。

这句话，再适合叶子不过了。

叶子的那些年，是个短发伴随且特别尴尬的那些年。

不擅长考试，学习再用功、花几倍的时间，成绩还是中等，远远够不上优秀；不会画画、唱歌、写作、跳舞，没有任何特长；长相一般，脸上青春痘没停止过生长；性格超级倔强又古怪，没人喜欢没人追，暗恋班草被同学知道后，很多人都用异样的眼光来看她，好像她是个怪物，嘲笑她没有自知之明。

所以那些年，你追我往，让人留恋回味的青涩朦胧的爱情，都与叶子完全没关系。

每个班都有那么几个叶子，就像每个班都会有沈佳宜。

因为，红花还需绿叶衬托。

但上帝不会亏欠任何人。

给你苍白贫瘠青春的同时，你是否又能发现他的用心良苦，你是否在那苍白中寻找到了另一种可能的蛛丝马迹？

在那些尴尬的岁月中，叶子越发沉默而专注。

叶子的热血一滴不剩地用在了一摞摞练习本上，她的青春都是黑白格的数学题与英文。世界上最可怕的两个字，是认真。

拿到全国排名前十的大学录取通知书时，大家匪夷所思，惊讶万分。多年后同学聚会，叶子只来参加过一次，她的德国学生签证到期，回国办工作签证。

当年那些嘲笑她不自量力喜欢班草的女生，已经变成了只爱看八点档家庭剧、不修边幅、整日围着老公与孩子的妇女；而那个班草，如今已大腹便便，有了家室后还对叶子说些不着调的暧昧之话。

你看吧，时光如此残酷，又如此公平。

其实，人生并不是要像电影那般才称得上精彩。

是否品学兼优清新漂亮到被全班男生追不重要；是否执着地暗恋过人不重要；是否因为谁谁谁而拼命彻夜学习到第二天趴在课桌上睡大觉不重要；对得起自己的青春才最重要。

就算平淡乏味，整天只是围绕着数学和英语；就算那些年的场景通通没经历过；就算没有那个闪闪发光的自己；就算暗淡得像阴天的影子；可我还是觉得，经历过青春的戏码，再苍白，回想起来还是会嘴角上扬。

热血的不是爱情，是拥有激情的那颗心，对生活，对梦想，更重要的是对自己。

聚会结束后，好些女生窃窃私语，谁都想不到叶子会是她们班发展得最好的一个。人人都羡慕她的好命，能出国读书还可以留在那里工作，去过那么多国家，生活那么精彩。

可是，大家都不知道，成为现在的样子，叶子又经历了些什么。

大家从来都只会看到他人表面的光鲜亮丽，而不会思考他人背后的付出。如果你问他们，敢不敢对自己狠十倍，就从每天早上五点起床开始改变，他们的第一反应是做不到。

前段时间，网上浏览率很高的照片是一墙之隔下两个姑娘不同的生活。

那两个姑娘是贴出照片的楼主的同学。

"墙左边的姑娘每天的生活是泡沫剧，看累了就叫外卖，手头上偶尔有点闲钱就去逛街买衣服，她抱怨考试很难过，身材不好没人追，去社交场合没话说。她苦笑指着对面，不像她，那么好命。

"可她不知道，墙右边的那个'好命'的姑娘，已经在她看泡沫剧的时候自学了法英西三门外语；'好命'姑娘在社交场合能侃侃而谈，是因为看过的书比她吃的快餐盒摞起来都要高，她攒钱每隔一段时间就去旅行。左边的姑娘跟我抱怨，生活无聊又没趣；'好命'姑娘却告诉我，夏天的时候托斯卡纳的大波斯菊很美。"

人生没有那么多个七年。

你可以选择继续抱怨，整天刷微博微信的生活，也可以选择从现在开始种那棵树。几年之后，你会发现，你可能还是你，但你也不再是你。

你走了，你还在

西瓜三天没来公司，什么消息都没有，她之前从来不这样。

第四天早上，在公司见到西瓜，发现她眼睛红肿，神情哀伤，恍恍惚惚心不在焉，问及原因，她不肯说。

大家以为西瓜失恋了，都过去安慰她：命运注定一个人的离开，是因为更好的在等着你，不要为一棵树放弃整座森林。西瓜默不作声，自己偷偷躲到楼梯间哭。

一个星期后，大家才知道是西瓜的姥姥去世了。

每天上班前，姥姥都会早起给西瓜准备早餐；可那天，姥姥一直没醒来，永远都没再醒来，连告别都来不及跟西瓜说。

姥姥是最疼西瓜的那个人。

西瓜五岁时，姥姥就开始照顾她。

担心西瓜营养跟不上影响长高，姥姥自己省吃俭用为西瓜买增高钙片，听到别人说骨头汤有利于增高，就天天走上两公里路去买最新鲜的骨头煲汤给西瓜喝。

冬天的早晨，天亮得晚，西瓜怕黑不敢一个人去上学。姥姥会走路送她上学，等西瓜到学校后，再一个人慢慢走回家。晚上西瓜写作业时，姥姥会戴着那跟随她多年、镜框都快磨毛的老花眼镜为西瓜织毛衣、纳鞋垫。

这么多年来，在西瓜爸妈都嫌她是个女孩时，姥姥对她的爱从不曾因此而减半分，一点也不让西瓜受委屈。

西瓜的妈妈年轻时，漂亮得像翻版关之琳，两弯似蹙非蹙笼烟眉，一双似喜非喜含情目，活脱脱广告画里的模特。西瓜妈妈是从小便被姥姥姥爷捧在手心里长大的，过着公主般的生活，没吃过半点苦。

高中毕业，姥姥姥爷想送西瓜妈妈上大学。那个年代，大学毕业后分配的工作就是金饭碗，可西瓜妈妈嫌读书太累，死活不同意。没办法，姥姥姥爷最后出钱给西瓜妈妈开了个服装店。

　　一年后,西瓜妈妈关了店子,直接去了闺密公司给她当助理,轻松而自在,工资还高。与西瓜爸爸结婚两年后,和闺密闹翻,西瓜妈妈再也不找工作,直接在家过起了全职太太的生活。

　　世事难料,西瓜爸爸生意失败,拿房子抵押贷款后,还拿走了所有的钱,消失了。至今也没消息。

　　那一年,西瓜姥爷被气出高血压,走了。

　　西瓜不到五岁,最亲近的四个人,一个消失了,一个去世了,只剩下妈妈和姥姥。

　　西瓜、姥姥、妈妈,世上最亲的三个人开始生活在一起。西瓜妈妈整天在家炒股买彩票,想着一夜暴富,不劳而获,对西瓜不闻不问。

　　姥姥想把房子过户到西瓜名下,西瓜妈妈不知用了什么办法,最后骗着姥姥把房

产证上的名字改成了她自己的。

后来，为了炒股，西瓜妈妈又把房子给卖了。

大四时，西瓜因为交不起学费而辍学，毕业证都拿不到。姥姥在家哭了一夜，西瓜妈妈却像什么都没发生一样。

世上最疼她的那个人走了后，西瓜开始变得沉默，不爱说话。她常常晚上睡不着，想起姥姥就忍不住蒙着被子失声痛哭。

西瓜一直拼命工作，空闲时间还跑去兼职。她只想挣够钱，在姥姥生日时给她送个玉手镯。姥姥宝贝了半辈子的玉手镯在去为西瓜买生日蛋糕的路上被别人偷走了，那还是姥姥和姥爷的第一次见面礼。西瓜还想着以后带姥姥去看海，姥姥经常跟西瓜唠叨，惦记着唯一一次到海边的旅游；西瓜还想着自己婚礼前夜，让姥姥为自己梳头。

那些和姥姥连在一起的事情，有生之年都不再有机会实现了。

何其残忍？

努力奔跑，想要跟时间赛跑，却永远只能落在时间的影子后，眼睁睁看着一切发生，而自己却什么都做不了。

有时候，西瓜会特别怨恨那个十几年前就抛弃她的爸爸，怨恨将生活过得一团糟的妈妈。

可是，看着妈妈自从姥姥去世后开始每天早上为自己准备早餐，看着妈妈半夜偷偷在姥姥房间抹眼泪，看着妈妈四处奔波找工作，看着妈妈越来越孤单的背影，西瓜只想走上去给她一个拥抱。

给了你生命，就是给了你最大的爱。西瓜心里默默地想。

后来，经熟人介绍，西瓜妈妈去帮别人家照顾老人。每个月发工资时，西瓜妈妈都会买排骨，做西瓜最爱吃的香辣排骨，等着她下班回来吃。

在吃着排骨时，西瓜都笑得特别甜。

世界这么大，流着和她相同的血液的人，就只有她。

世界这么孤单，还好彼此都在身边，尽管生活不易，可谁也没丢下谁。

你终将成为你梦想中的样子

上周六下午，我和梧桐去尤伦斯当代艺术中心参加"你好，尼泊尔！"旅行分享会，分享者是我们共同欣赏的旅行家——树小姐。

现场，幻灯片上各种各样的尼泊尔照片一闪而过，树小姐不可思议的尼泊尔经历幻化成美妙的音符飘散在大厅中，甚至隐隐约约还能闻到空气中尼泊尔香料专属的气味。

我看到一小束光照在梧桐小姐恬静的脸上,想起去年这个时候和她在博卡拉面对鱼尾峰喝马萨拉茶时,惊讶地发现一直嚷嚷着要去尼泊尔一边看珠峰一边喝茶的两个人此刻正做着这些事,不禁感叹,猝不及防,彼此都成了梦想中的那种人,想做的事情都做过,想去的地方都到达过。

高考前,同学间流行相互写毕业纪念册。班主任发现大家上课都在兴致勃勃地写这个后,就严令禁止。大家开始偷偷在下晚自习后写,在宿舍举着手电筒写,奋笔疾书好像在书写自己光明而美好的未来。纪念册中有一栏是"希望自己以后会是什么样",我记得自己当时给所有同学写的都是希望大学期间能出去交换,毕业后在外企上班,成为满世界出差的职业女性,成为一个有质感的人。但那时,我甚至不清楚有质感真正意味着什么。

大三,北京的冬天飘着白雪,我在半夜抵达温暖的台北。到达学校整理完行李后凌晨四点才睡,八点又起床去注册报到,恍惚的神经在看到陌生而熟悉的繁体字、听到软软的台湾腔时彻底清醒。

当晚,我迫不及待地跟梧桐分享在台北第一天的新鲜经历:面对巨大的行李箱手足无措时,陌生的台湾人急忙跑过来

主动帮我；接机的老师给我们带来了香甜爽口的热带水果，而我之前从没听说过；去学校途中经过淡水，一片灯海，泛着浅浅柔光，惊艳了我的心；喜欢听台湾人说话，不管他年纪多大，只要他开口说，总感觉他仍然是十八岁的青春少年，柔软而上扬的神调，就像台湾的风，软绵绵的，不腻人……

　　絮絮叨叨了半小时，挂电话时梧桐突然说：我知道你会这样，我从来没怀疑过你会出去交换。那一刻，我意识到自己正走向梦想中的自己。

　　大四的时候，我开始在专业课上老师不断提到的公司实习，每天早上都要穿越整个北京城，在西边与东边间来回奔波，整整一年。有时加班到深夜害怕遇见坏人，就从地铁口一路跑回学校，提醒自己第二天带防狼喷雾；看不懂英文资料时，就利用坐地铁和吃饭的时间狂背英语，还因此经常坐过站；担心下班后学校澡堂已关，会叫室友帮忙多提几壶热水直接在浴室冲凉。

现在，我在公司两年了，每天都有开不完的会，接二连三的头脑风暴，不停地写创意简报和会议纪要，依然常常被客户质疑创意作品而不停地修改，依然常常加班到深夜，第二天还要早起精神饱满地提案。但没有什么比看着我们的作品上线或拿下比稿时更让我感到快乐。

我没能成为满世界出差的职业女性，但我成了会自己去旅行的职业女性。我常常对着地图发呆，看着地图才会觉得世界都展现在眼前，而我也融入世界中。那一个个千奇百怪的地名竟然有那么多让我疯狂迷恋的历史、美景和人，而我不敢相信自己那么幸运，居然曾跨越万水千山，踏上过那一些土地，这种感觉美妙得不得了。

我记得在小琉球环岛旅行遭遇台风，民宿老板连夜帮忙订船票回高雄，因没提前告诉我们台风警报而分文不收；在高雄住民宿，老板没露面也不催房费，打电话给她，她却让我们把钱直接放在门口信箱，一点都不担心我们会"携款而逃"；在越南夜间巴士上醒来发现旁边的越南人不怀好意地盯着自己，吓得连忙叫醒周围的背包客才安心，但第二天看到一半沙漠一半海水的美奈时，一切又都忘记了；还有坐了一天一夜的大巴被柬埔寨边境工作人员敲诈后又凌晨四点起床，只为了等候世界上最美的景色——吴哥窟日出。一叠 A4 纸都写不完的故事，是世界给我的礼物，也是我自己给自己的礼物。

我依然不知道有质感的人是什么样子的，这又有什么关系呢？

在自己的小王国里，我看着自己一步一步慢慢变成了玫瑰，暗自散香，骄傲而自足。

没有什么值得用生命去冒险

前天，公司组织一起去怀柔幽谷神潭团建。在我们所有人心里，团建就是一次休闲游，山泉、烤翅、羊腿、帐篷、睡袋、头灯、各种好吃的零食……

其实，下午四点开始到晚上七点左右，三个小时的路程中我们努力勇敢地实践着休闲游玩。一大群人分成了四队，每队十几个人，两人一组。由于女生很少，所以除了男女一组外，还有帅哥帅哥组——腐女的最爱。

和我一组的是本科毕业于北航数学系、研究生毕业于北大计算机系的强悍内敛男。我们背着专业的登山包，浩浩荡荡跟着四个专业教练一起走着最平常的山路，有石阶，有丛林，有稀有的小泉，有铁索桥……说说笑笑，闲庭信步，吃着零食，看着帅哥，采着野花，腐败到极致。

可接下来的五个多小时，我们却从腐败的极端直接过渡到生死的极限。

当我们兴致勃勃徒步到前面全是高耸的悬崖时，天色已暗，这既意味着闲庭信步的结束，也意味着"爬"山的真正开始。

教练开始向我们传达此后已无路，我们需自己开路，马上就要行进到最最艰难的路程云云。接受艰难路程的第一步便是手抓绳子，爬过悬崖。我们开始将手中提着的东西全部清空，想方设法放进背包中，以保证手没有负担，能够在以后的行进过程中"灵活使用"。

教练亲身爬过悬崖，将绳子一端悬在悬崖那边一棵弱不禁风的小树上，而树的主干还没有我的手臂粗壮。绳子的另一端被教练用手紧紧地拽着。月黑风高夜，伸手不见五指，只见星星点点的小红点缥缈不断。教练一手抽烟，一手拉着绳子，那可是紧握几十人生命的绳子啊，他真是太淡定太让人汗颜了。

我们根本就没有意识到当时的危险，所以谈不上心理压力和心理阴影。因为天早黑了，悬崖峭壁、丛林险峻都被浓黑的夜色吞吸。

三个男生搭配一个女生，双手抓紧绳子匍匐前进。我根本就不知道该怎么爬，双手使劲抓紧绳子，脚蹬着石头，心里还想着不能落后，快步地爬过悬崖，经过一个大石块的阻碍，最后成功地在那棵颤颤巍巍的小树边抓住教练的手。

往回望，双腿顿时发抖，下面完全看不见，九十度垂直的悬崖啊，刚刚就从那边爬到这边的，又有点为自己的勇敢而骄傲。

爬过悬崖，我们在一处稍微平整的石块上小憩，那个时候已经是晚上八点多了。石块的两侧是垂直倾斜的大石块，前面有水流经过。

夜风凉凉，我们说说笑笑，觉得那烤翅、帐篷、山泉已经不远了。教练已经上去探路，等他回来，便是希望。

半个多小时，教练归来时，我们雄赳赳气昂昂地大步迈向烤翅、帐篷之地。

只是，我们谁也没有料到，后面的经历会是那么惊心动魄。生死之限，就那般真真切切地发生了，在我们都以为胜利就在不远处的兴致盎然之时。

随着教练的归来，我们开始了最艰险的路。所谓的路，其实没路，荒山野岭，硕大的石块间，水流不断。开着头灯，一步一步小心翼翼爬过各种陡峭的石块。

纵使小心，我还是和很多人一样，不幸落入水中，膝盖下面全湿。在爬某石块时，又不小心滑下来，磕破了膝盖，还流了点血。

　　等我们走到水的源头时，不得不从山的这头垂直下去，然后在山的侧面沿悬崖倾斜前进。从山的侧面前行时经过一处悬崖，右手边是巨大的山石，上面除了一些青苔之外，一无所有，而脚下是一处只露不到十厘米的树桩，下面一片漆黑，深不见底。

　　我颤颤抖抖地走到悬崖边，悬崖那边那人指挥着我，往前走几步，然后迈左脚，左脚踏在树桩上，再迈右脚，跨步到前边某处泥土上，我的大脑早就已经不能思考，傻愣愣地听着指挥走。

　　起初，没有看到树桩，差点把那离树桩还有几厘米的小撮泥土当树桩，幸好被人叫住，弄准树桩的位置后身体重新贴着石块，脚僵硬地跨着关键的几步。

等过了悬崖，我的心却怦怦跳个不停。没有时间来安抚那颗受惊的心，脚又开始重新沿着没有路，比前面悬崖稍微好点的丛林行走。

我们找到了一个稍微安全且平整，能同时容纳七八个人躺下的地方，其他的几十人则在下面紧紧站着。因为，已经没有任何地方了。

我们停顿休息了一整夜，第二天早上，教练继续上山探路，可是等到十二点多时，仍然不见教练的踪影。前边的路应该是更难走了。直到这个时候，我们才意识到烤翅、帐篷、山泉已离我们十分遥远，今晚不可能到达，现在已经是十分危险的处境，能不能走出这座山都不能保证，安全地度过这一夜已是万幸，而且大部分人的手机也没有信号。

我这才恐惧地意识到自己现在是多么危险，我手机没电，重要的是不知道打给谁，爸爸妈妈吗？那只会让他们更担心，好朋友吗？她们也帮不了我。

我铺了防潮垫，钻进睡袋，放弃了各种想法，好好休息，保存体力。却根本睡不着，脑袋里胡思乱想，混混沌沌。

我清楚地记得第二天天亮睁开眼，我看脚底下，一片凌空，深不见底。想着悬崖上的那几步，恐惧不已，踏错了任何一步，我还能完整地看到今天的太阳吗？

清晨，我坐在悬崖边上，秋风清爽，望着阳光照满山峦，心开始沉静。没有什么比昨天的处境更绝望了吧。也许，只能在绝望的处境中才能看到如此绝美的风景。

想起我最喜爱的仓央嘉措的诗歌：那一刻，我升起风马，不为祈福，只为守候你的到来；那一天，闭目在经殿香雾中，蓦然听见，你诵经中的真言；那一日，垒起玛尼堆，不为修德，只为投下心湖的石子；那一夜，我听了一宿梵唱，不为参悟，只为寻你的一丝气息；那一月，我摇动所有的经筒，不为超度，只为触摸你的指尖；那一年，磕长头匍匐在山路，不为觐见，只为贴着你的温暖；那一世，转山转水转佛塔，不为修来生，只为途中与你相见；那一瞬，我飞升成仙，不为长生，只为佑你平安喜乐。

而我这一夜，踏遍万水千山，走过悬崖峭壁，弄得磕磕碰碰，只为了什么？没有人在这端等我，没有人在这样的夜里和清晨想过我。我为了什么？这般艰难。那一刻，我忽然意识到，平日里那些怨憎会、爱别离、求不得，和生命比起来，都不是什么事。

早上七点，我们报了警。警察要我们原地等待，等到警察来救已是晚上。我们把带的烧烤零食什么的都丢了，只有水留了下来。

等到成功下山，才知道，探路的教练昨晚睡在山洞了，早上才下山来找我们。

今早醒来时，我全身酸痛，膝盖、脚踝、手臂，各处擦伤，不能动弹。而且，那晚受寒，头痛，喉咙也痛，鼻涕直流。

看着太阳，一切都过去了。

活着真好，与生命比起来，其他的，都不重要。

我曾匆匆读过于娟的《此生未完成》，在我写申请材料累的时候，在睡前，在课间，在吃饭的时候。很多时候，我都已然忘记执笔的人是在癌症晚期，生命弥留之际。

可是生命总是这般急促，追也追不回来。

生命那么脆弱，说走就走了。

这个世界上还没有什么值得我们用生命去冒险，有些人在生死边缘游历一次就赔上了永远。而我们这些历经生与死的边缘，还能写下这些文字的人又是多么幸运。

电话响起的那刻心最安

有一首歌，大概一年都没听过了。因为一听起来就不免情绪失落，感慨万千。可是不晓得为什么今夜，竟然那么难以入眠，就把它给找出来了，听着听着，鼻涕眼泪就在鼻孔和眼眶候着了。

原以为，我再也不会去找这首歌听了，不想主动了一把。

很多事情，一下子如地震般让人猝不及防，始料未及，以至于情绪失常。可是好像这样也可视为正常。

人总是被一首歌、一句问候、一句台词、一个电话、一封信弄得无法控制自己的情绪。

这是一种什么样的感觉？好闷，闷在胸口，卡在喉咙，想说什么说不出来，什么也不想说，觉得说什么都是白搭，说什么都于事无补。

这些事像中国的股市，无论是熊市还是牛市，都缠缠绵绵无绝期，却又如此感伤。

这是想家的时候，思念的气味与无色无味的空气一点点交融。

那个家，不是一个地点，那是有你们忙碌于厨房客厅的身影的永恒瞬间。

跨年那天在泰国，漫天孔明灯，绚烂璀璨的烟火，身边都是一群群的人陪伴，那些笑容、期待、开心、疯狂，一团一团随着烟火升入泰北清冷的天空。

我站在拥挤不堪的人群里，连把手机拿出来的空间都没有。

跨年过后,我又和朋友去酒吧喝了几杯庆祝新年,回到旅馆已是凌晨三点。打开手机一看,十五个未接电话都是你们的。

回拨过去,你们还没睡,等不到我的电话就没办法安然入睡。

那一刻,像有什么东西卡在喉咙,卡得紧紧的,连吞口水都变得小心翼翼,这是种什么感觉呢?就好像有时和你们电话聊天时,突然听到你们说好想好想我。

顿时,眼睛涩涩的,心里被刀割一下的疼痛。

一颗飘荡的心,两颗在家的心,彼此都在等待那一个电话的响起，寻求那一刻的安心与踏实。

有一段日子，我过得时而欢喜时而忧，心情如屈原一样，生活如振荡电路一般，不知道什么时候才是个头儿。有时候觉得自己很笨，干什么都是吃力不讨好；有时候觉得自己很傻，想什么都想不出个所以然来；有时候觉得自己逞强得让人崩溃。

工作吃力不顺心，朋友关系冷淡，而恋情又岌岌可危，面对忽隐忽现的第三者，吵架冷战又和好如初，歇斯底里又沉默得可怕。

自欺欺人地幻想，这样还能天长地久。

那些事情，分不清谁对谁错，掺杂在一起，折磨得我夜不能眠，有时候，又半夜惊醒。

分手后一段时间，你们问起我和他，我还骗你们说两个人挺好的，很甜蜜。实际上，挂断电话后，久憋的眼泪像泄洪的闸，奔腾而出，怎么也止不住。

下班回家的路上，周围一个人都没有，像个被遗弃的孩子，实在忍不住拨通你们的电话，听到那句吃饭了没，心里才稍稍好受一点。

一出口，那些乱七八糟的让人痛苦不堪的事都一股脑地跟你们说。说完才顺心，心情好像也不知不觉好起来。

尤其是听到你们说：外面再大的风风雨雨，也有爸妈一起和你抵挡；再慌乱的心，也有这个家来给你慰藉和安顿。

其实，本来是不应该向你们说那些烦心事的，害怕让你们担心个不停。

每一个在外的孩子，从来都只会报喜不报忧。

不知道从什么时候起，那些长居在家时的不愉快和争吵早已忘得一干二净。

性格开始变得乖巧，不再孤僻而古怪。

渐渐地，懂得适时控制自己的脾气，改变自己说话的语气，只想对你们更好，只愿把所有的爱都给你们。

听到外婆邻居家燕子的妈妈早晨出去后，就一辈子都没有再回来的消息，心里发凉。这个世界意外太多太多，我祈祷能永远地和你们在一起，永远。

非常贪心而奢望地想要。

那天，待在国外五年的朋友回来了。

在国外一颗心总是飘飘荡荡，倏忽不定。一回家，心里就塞得满满的，踏踏实实的。因为，每天与爸妈在一起的时间超过了八个小时。半夜醒来，知道父母睡在隔壁房间，心里便又暖暖地睡去。

朋友问起我，在外的日子，又是如何度过那些思念难熬心慌不已的时刻。

想也不想地说出来，打电话给爸妈，他们的声音就像一股神奇的安定力量，能让你的心瞬间感到饱满而踏实。

一个电话后，自会满足地睡去。

有人说，食物是最温暖的治愈。

可对于我，爸妈打来的电话，那从遥远的地方传来的熟悉声音，却是属于我的治愈疗法。

有所爱的地方就有归属感，有爸妈的声音在耳边就有爱的萦绕。即使有时他们唠叨得想让你挂断电话。

最安心的，不过就是站在你眼前的、陪在你身边的，都是你想要的那样。

我只是感到万分庆幸，你们一直在我身边。

不管我离你们多么远，每年陪伴在你们身边的时间又是多么少，只要我一拨通电话，听筒那边传来你们满是关爱的声音，一颗心突然之间就会安稳下来。

想起在台湾那半年，有天地震，其实震级很小，震源又很深，根本没有影响，但你们看到新闻就立刻给我打来电话，也不管我是不是在上课。

电话响起的那一刻，最让人安心，因为那一边有着世界上最最温暖的声音。

IV

哪怕山高水长，总有人为你而来

在最深的绝望中，仍有惊喜存留。在最荒芜的时光里，依旧有爱闪现。只要你愿意守住内心的光与温暖，愿意放开疼痛的回忆，重新打开心扉。就如从前约定好的，幸福永远在灯火阑珊处等你，深情浓意也始终停留在不远处。

轰轰烈烈不如惺惺相惜

年少轻狂,把酒言欢,谁都轰轰烈烈疯狂地爱过。

你为了她在手臂上文上爱的文身,你为了他学你一点都不爱的钢琴,你为了她和人当众打架还被抓去警察局,你为了他放弃喜欢的工作并远离父母。

你把所有的爱都给了她 / 他,走在大街上看到橱窗中的衣服都会想到他 / 她穿上的样子,你也根本无法想象,倘若今生今世没有了他 / 她该如何走下去,你甘愿为了他 / 她而牺牲一切,包括自己的生命,有时候你的底线和标准对他 / 她来说就是黑板上的几行粉笔字,随手一擦就没有了。

但是,你们最后的结局不是花好月圆,而是天涯相隔,永不往来。

那些过于疯狂而热烈的爱,会耗掉很大的力气与精力,像地震般,具有相当大的威慑力与摧毁力,刻骨铭心,也许一辈子都无法忘记。

这种疯狂的爱就像一百米冲刺,一下子就拼尽所有力气结束了。而有些爱像八千米长跑,需要的不是速度与激情,而是耐力。

所以到最后,那个让你爱得疯狂之人常常并不是最终与你相守之人，反而是能与你惺惺相惜的人。他／她懂得你过往的伤和痛，所以知道如何帮你疗伤，或者说知道两个人如何一起疗伤。

Johnson是一位在圈内颇有名气的建筑设计师，还是某高校的特聘讲师，高瘦，话不多，气质清冷。他工作室的工作人员或是朋友私下里对他的评价就是脸上明明白白写着"生人勿近"四个字。

刚来工作室的前台妹妹有次中午吃完饭回来，在电梯间遇见正好外出的Johnson，笑嘻嘻地跟他打招呼，人家眼睛直视前方直接走掉，望都不望她一眼，好像她是一团空气。

完全不了解Johnson冰山个性的前台妹妹还以为自己平常的工作没做好，Johnson对她不满意。回到公司，她诚惶诚恐地跟同事说起这件事，才知道Johnson对所有人都一样，在路上遇见谁都从来不会打招呼。

"真真是冰冷啊！"前台妹妹不禁感叹。

有一天，冰山Johnson突然主动给工作室一人一份请柬。大家开玩笑地说，Johnson哥女朋友都没有，应该不会是结婚请柬。

结果，打开那白色蝴蝶结丝带，"婚宴"二字立刻让大家尖叫不已，Johnson哥居然一声不响如此迅速地就注册了，把证给领了。

大家好奇不已,到底是什么样的女人把冰山 Johnson 给收服了?

后来,大家偷偷分析,像冰山 Johnson 这样的男人,一定是比较喜欢活泼可爱的小女生。只有活泼可爱,才能与冷峻的 Johnson 互补,一冷一热方能维持生活的平衡。要是两个都是高冷型人,生活该有多无趣乏闷。

结果 Johnson 婚礼当天,看到新娘子挽着她父亲的手,缓缓走向红地毯时,新娘子的庐山真面目顿时让人大跌眼镜。她年纪真大,看上去要比 Johnson 老很多。

婚礼结束和旁人聊天,大家才知道新娘子比 Johnson 大八

岁，而且之前有过一次婚姻。两个人是在朋友的画展上认识的，都喜欢美术、设计、雕塑等艺术，在一起相谈甚欢，有一种找到了 soul mate（灵魂伴侣）的感觉。

对于 Johnson 的选择，大家很无奈地叹气，这怎能让人不感到可惜呢？工作室的黄金单身汉最终居然娶了一个离过婚的老女人。

任谁都无法理解。

只是结婚后的 Johnson 忽然之间变了很多，会主动跟人打招呼，话也慢慢多了，尤其是脸上开始有了温和的笑容，全然不似结婚前冷冰冰的表情。

有一次周末，Johnson 破天荒地邀请大家去他家一起烧烤。在结婚前，这是绝对不可能发生的事。

刚到他家，大家都有点拘谨，说话像在跟客户开会。后来在烧烤的过程中，大家才慢慢放开。

他老婆热情周到，分寸把握得十分好，不会过于热情得让你觉得虚伪，也不会冷淡得让你感到拘谨。

那天烧烤的氛围很好。到最后，大家都回归到平常在一起开玩笑的状态了。趁 Johnson 老婆回厨房收拾整理，大家打趣地调侃 Johnson 娶到了一位好老婆。

"她是个好女人。"Johnson 挺认真地说。

这简简单单的一句评价把所有人的八卦心都激发起来了，直直地望着 Johnson，示意他继续说下去。

Johnson 却走开了，回厨房帮他老婆收拾去了，做起了居家好男人。

那天，大家等到离开都没听到他们夫妻俩的故事。

后来有天，全工作室的人加班赶设计稿，Johnson 有个好哥们儿是开餐厅的，特意过来送夜宵犒劳大家。

大家聊天聊到 Johnson，他说，Johnson 和他老婆蛮合适的，两个受过情伤的人在一起是最大的福分，因为懂得珍惜的人已不多，能相遇的就更少。

Johnson 年轻时也是一枚阳光暖男，前女友是如今娱乐圈风头正旺的一个女星，两个人谈过七年的恋爱，在她还未踏入娱乐圈之前，他们就已在一起三年了。

当时，Johnson带她见过父母，名门望族出身的Johnson妈妈对他的前女友并不是十分满意，只是Johnson自己喜欢，倒也没有过多地反对。

两个人在谈婚论嫁时，女友又一脚踏入了娱乐圈。

那天，女友陪朋友去试镜，自己却被导演看中，邀请她出演片中的女二号。

娱乐圈环境太复杂，Johnson一直劝她不要去，但前女友一心一意想去试试看。因为这事争吵冷战一周后，Johnson退步，女友如约去了片场。

后来，这部文艺小众电影火了。

两个人走在街上开始有记者架着长枪短炮拍他们俩，恋情被媒体曝光后，女友立即澄清没有男友，是表哥。

Johnson知道后气愤不已。

女友跟他解释，那是经纪公司的安排，不能让恋情曝光。现在是事业上升期，绝不能有恋情曝光影响人气。看到女友楚楚可怜的辛苦样了，为了她的事业，Johnson也忍了，但其实彼此之间已经慢慢有了间隙。

那年女友生日，Johnson带女友去马尔代夫为她庆祝生日。在计划向她求婚的前一天，网上看新闻才知道女友劈腿恋上了某位男明星。

恰好，那名男星也在马尔代夫，他们一前一后进入餐厅的多张照片成了娱乐版头条。

失恋后的 Johnson 开始变成了另一个人，沉默寡言，对谁都漠不关心，冷冰冰的。后来遇到现在的老婆，才开始慢慢变得开朗。

他老婆之前有过一段婚姻，前夫是她大学的师兄。结婚后，师兄事业发展受阻，内心幽怨，便把气都发泄在她身上，还对她家暴。

遇到 Johnson 时，她还在和前夫打离婚官司。最后，还是 Johnson 介绍给她的离婚律师帮她打赢了官司。

后来，交往多了，有过伤痛的两颗心紧靠在一起。

不是热恋，不是执恋，而是两颗心在经历伤痛后的惺惺相惜。

这样也好，把热恋给了别人，把长久的相守留给了懂得自己的那个人，爱不爱似乎已并不那么重要。

生活多美好，只因有你们

南非有一个名叫格尔迪·麦肯纳的女子，因为乳腺癌化疗后，头发掉光。她的十一位好朋友为了给她加油打气，陪她一起面对病魔，在同一家理发沙龙集体剃光头。

头发一缕一缕地被剪掉，她们笑靥如花，随后还为格尔迪准备了一个惊喜的派对。

当格尔迪来到派对现场，看到剃着光头的闺密们时，捂着眼睛，不敢相信。

这些好友，有的说，我的心里满满的，我在为我的姐妹做这件事；还有的说，只要我想到亲爱的格尔迪正在经历的一切，那这就算不上什么。

关掉视频的那一刻，我热泪盈眶，感动得一塌糊涂。再灰暗的日子，因为有你们，也会变得熠熠生光；再烦心倦目的时刻，因为有你们，也会喜上眉梢。

这是我今年看过的最美好的故事，没有之一。

看视频时，我脑海中始终浮现着几年前看过的一部影片《阳光姐妹淘》，也是关于友谊。名字暖心，最适合在冬夜有暖气的房间，裹着件针织衫，和好友一边看一边喝点小酒，不经意间爆出各自青春的那点囧事，笑着笑着，眼泪就出来了。

一个叫娜美的家庭主妇，去医院探望母亲时偶然与身患绝症的旧时闺密春花重逢。此时，春花的生命只有短短两个月不到的时间。离开人世前，她最大的愿望是能够再见到高中时的 sunny 帮成员。

Sunny 帮是高中时她们几个人组成的女生小团体。

这种少女小团体存在于中国高中生、韩国高中生、德国高中生、美国高中生中，不分国界，全世界都有。

小团体中有江湖大姐的角色，有胆有谋有号召力，是团体中的主心骨，而春花就是那个大姐大。当然她还是个冷艳美女，表面上好像对任何人或事都漠不关心，可是内心热血，朋友有事，最先义不容辞出手帮忙的肯定会是她。还有其他形形色色的人，有梦想成为作家的，有想要成为韩国小姐的，有执着于割双眼皮的，也有满嘴脏话的。

因为搬家，娜美转学到春花班。她自卑胆怯，第一天上课时，因为浓重的地方口音被同学笑话，在陌生环境里被人欺负，

她小心翼翼，努力与所有人和平相处。

可是，大姐春花对她照顾有加。

于是，娜美顺理成章地成为 sunny 帮的一分子，她们一起打群架，上课传小纸条，疯疯癫癫地臭美，喜欢共同的男生，一起惊艳了时光，然后分开，各自有了不同的人生际遇。

二十五年后，几乎每个人都变成了梦想之外的那个人。

有人沦落为风尘女子，有人成为成熟冷静、巾帼不让须眉的女强人，有人变成了与厨房打交道的平凡妇人，有人将离开人世。

有悲有喜，但丝毫不影响她们一起跳舞，在春花的灵堂，笑逐颜开。

这是最打动我的地方。没有悲伤，没有哭泣，当然会难受，但大家都笑着面对，因为春花没有离开她们，她一直在她们身边，保护她们，看她们笑，看她们哭。

网友说："再多各自牛逼的时光，都比不上一起犯傻的岁月。"

张爱玲写：对于年轻人而言，三年五年就是一生一世。

sunny 姐妹团，她们在各自的生命时光中，留下了闪闪发光的、足以温暖一辈子的美好记忆。

这记忆惊艳了时光，温柔了岁月。

上周末，我到五道口的雕刻时光咖啡馆时，Sara、Gioia、Joyce 和 Florence 早已来了，桌上放着我最爱的芝士蛋糕和爱尔兰咖啡。

那一刻，我的心间忽然暖暖的，像咖啡馆内那盏巴洛克风格的台灯泛着柔和暖黄的光。

我和 Florence 在北京，等她们三个从很远的地方赶来，昨天 Sara 刚刚从哥本哈根回来，时差尚未转换过来。Gioia 和 Joyce，一个从深圳赶来，一个从香港赶来。只为了这周末短短两天难得的相聚。

Sara 说：过去这一年过得特别孤单，特别是冬天，四五点就天黑，早上八九点才能看见日光。寒风无孔不入，世间的一切都被黑暗包裹，心情抑郁而敏感。翻遍手机通信录，找不到一个可以午夜接她电话而不挂的人。

我也常常有这种感觉。不知道从什么时候开始，我越来越讨厌花时间和精力来认识新朋友，了解他们，再深交。

闺中密友，永远都是过去那五个，半年不联系，但还是会在冬天来时寄手套围巾给你，因为知道你怕冷。

去年，我们五个人都经历了生命中很重要的时刻，我们都陪在彼此身边，一起见证了那些一生一次的时刻。

我们在苏梅岛，见证 Florence 和她青梅竹马二十年男友的婚礼；我们飞去遥远的北欧，参加 Sara 的毕业典礼；我们在广州，庆祝 Gioia 成功地拿到了新西兰一年的打工签证；我们在香港，参加 Joyce 的新书发布会；我们在北京三里屯喝得一塌糊涂，庆祝我创意大赛获奖。

虽然，我们依然分离在世界的各个角落，没办法相拥相伴，我们也许常常失意心塞，没有那条抹眼泪的丝巾，但生活还是那么美好，因为有你们。

所以此去经年，就算前路漫漫，风霜雪雨，也要把酒言欢，一路高歌。

愿这个世界没有将就

以前看过一篇小说，名字特别拗口，早就忘了。

故事情节倒是清清楚楚地记得：两个大学就相爱的人，后来因为一些原因，女主角去了国外，而男主角一直在等她，一等便是七年。

有一次，男主角在等车的时候跟暗恋他的邻居妹妹说：你以后会明白，如果世界上曾经有那么一个人出现过，其他人都会变成将就，而他不愿意将就。

小说毕竟只是小说，苦等数年，再次重逢，之前的种种误会都抵不过两颗相爱的心，结局完美，相依而终。

可是，在柴米油盐酱醋茶的俗世烟火和滚滚红尘之中，大抵没有几个人最终不是将就着恋爱,将就着结婚,将就着工作,将就着生活。

于是常常,大多数人就活在这种将就的虚幻世界中,并乐此不疲。他们以为抵达了幸福美满的终点站,殊不知,其实不过就是路上的临时站台而已。

并且,还要不断地规劝他人少折腾,将就就好。

我有个朋友 Irene,四十多岁的女人,没有结婚。

认识她,是在东南亚的某家青旅里。当时,我问前台那个菲律宾小姑娘青旅里是否有人计划去柬埔寨暹粒,如果有,请告知我。因为我想找人一同前往,不仅安全,而且还可以分摊路费,一举两得。

第二天早上,我出门去吃早餐时被小姑娘叫住,她让我在小花园的凉椅上等她,然后就跑掉了。我被弄得云里雾里,不知道她到底要干吗。

几分钟过后,她从走廊那边朝我走来,旁边还有个中国女人,看上去三十好几了,一眼就能看见她眼角的皱纹。一件纯黑 T 恤,搭配一条民族风纯棉阔腿裤,头发随意地扎起来。

是个有气质的女人。我在心里对她啧啧称赞。

这个中国女人就是 Irene,是我在柬埔寨旅行的游伴,后来是我非常尊敬且要好的朋友。

我当时很好奇,她怎么一个人出来旅行了,怎么放心得下小孩,而老公又怎么会同意。不料,Irene非常直率地脱口而出:我单身。

我自己感到尴尬,有点不好意思,这种类似于打探人家隐私的行为实在算不上一个好的开始,于是连忙道歉,讪讪地转移了话题。

Irene却满不在乎地说道:"没有关系啦,这又不是见不得人的事,没有必要藏着掖着。不只你一个人有这样的反应。其实,我一个人过比两个人过要开心潇洒得多。要是像其他大多数女人一样,现在我只怕在家刚送完小孩上学,在去菜市场买菜的路上。这种生活,对我来说才比较可怕。那不是我所想要的,我所想要的就是此刻的我正经历的一切。"

她对自己有着清醒的认知,头脑清清楚楚,知道自己想要什么、自己需要什么。这中间的界限泾渭分明,她不会允许自己在界点上徘徊犹豫。

Irene 年轻的时候交往过一个长达八年的男朋友。

八年的时间,怦怦心跳的感觉早就烟消云散了,两个人在一起的时间越久,她便越下不了决心牵手一生,总觉得对方不是适合自己的结婚对象。

想放弃,却担忧后面不会有更好的那个人,而且之前的时间成本已摆在那儿;不放弃,将就着这样过,又总有不甘。

就在 Irene 权衡,猜测,评估,摇摆不定,甚至孤注一掷时,她意外地获得了被公司外派伦敦一年的机会。

这个天降的机会,成了压倒骆驼的最后一根稻草。

Irene 义无反顾地去了英国。

当然,男朋友不会愿意再等她;而她,也不需要他等她。她终于有了勇气,对那个原本打算将就的自己说句再见,再拍拍手，重新上路。

那年，她刚满三十岁。

所有人都觉得她疯了，病得不轻，包括她爸妈。大家都劝她不要去，不要再折腾了，安安心心嫁给他，放弃这个机会，回来同样是工作。

在伦敦工作一年后，Irene 辞职了，申请了读伦敦政治经济学院研究生。毕业后，她在英国一家颇有影响力的媒体工作。

生活安稳，工资够高，每年都有外派世界各地的机会，一切看上去都很好。朋友给她介绍了一个伦敦人，两人相处愉快，但缺少情侣之间的那一点点心动与甜蜜。

眼见女儿年纪越来越大，她妈每天都电话或上网催她不要再拖了，如果合适就结婚。那种所谓的爱情一点都不靠谱，时间一长，所有人最终都会变成亲人。不听老人言，吃亏在眼前……

后来，她主动和那个伦敦人分手了。她妈知道消息后把她骂个不停，对她是恨铁不成钢，已经处在了绝望的边缘。

这个时候，她已经快三十五岁了，成了所有人眼中嫁不出去的剩女。

但她一点都不在乎，开始每年一个人全世界乱跑，做义工，练瑜伽，参加禅修，学探戈，甚至写书。一个人过得风生水起。

对于结婚与否,她有自己的信仰,遇到真正让自己心甘情愿就此一辈子和他走下去的那个人就嫁,不为了结婚而结婚,自己过得开心就好。

总之,绝对不再委屈自己,绝对不将就。

你看到她,会想到独立、自由、气质、洒脱,但是不会想到"恨嫁"二字。

我和她一起旅行时,她刚刚辞了令人艳羡的工作,打算环游世界后,再定居芬兰。因为,她喜欢冬天,喜欢极光。

母亲节那天,我和她在去往金边的大巴上,她给她妈妈打电话。

我听到手机那端她妈妈的声音:好好旅行,做你想做的事,你自己开心幸福就足够了,不用担心我们。

我身边的很多同学朋友,刚大学毕业才二十二岁时就恐慌自己嫁不出去,每年春节回家后的 to do list(必做事项)就是相亲。

大家都在比谁先结婚,谁嫁得好,谁先有小孩,生怕自己一旦过了二十五岁的门槛还没嫁出去,成为众人的笑话。

有时候,只要遇到一个不讨厌的就开始盘算结婚的日子,什么时候生小孩比较好。偶尔犹豫不决时,就有声音在安慰自己：就这样吧，谁又不是这样的？

我希望自己永远都不要想着将就，永远都不要活在别人的评论意见中。当觉得自己在将就地生活、工作、恋爱时，能有勇气打破一切，选择新的生活，即使艰难险阻不断。

这是我对自己唯一的期许。

愿这个世界没有将就。

谢谢你曾路过我的生活

Lisa 最喜欢挂嘴边的话是世上唯有美食与爱不可辜负。

《Eat Pray Love》是她可以重复看十遍以上的电影，没有之一。

雨后清新的深夜，白天的喧哗都归于默然时，Lisa 会一边手执透明高脚杯，深深吸气享受红酒的香氛；一边看电影中女主角 Liz 泡着澡跟读意大利语，把自己献给意大利 Pasta 和冰激凌后，又不顾一切地跑到印度学禅修，最后回到告诉她要用心而非用眼睛看世界的巴厘岛巫医那儿时，爱情又来了。

Liz 说：我需要改变，从十五岁起，我不是在恋爱就是在分手，我从没为自己活过两个星期，只和自己独处。

而 Lisa 小姐说：二十五年来，我一直在和自己独处，学着一个人去餐厅吃饭，一个人旅行，一个人去电影院，却没有两个月是在甜蜜地恋爱。

大二时，Lisa 被室友拉去看美术学院画展，草草逛了一圈后，便着急回去。作为吃货，学校西门外声称全北京最好吃的蛋挞远比画展更有吸引力。

就在离展厅出口几步之遥，Lisa 停在了一幅画前，那是一个孤岛，被如矢车菊般蓝得迷人的大海簇拥着。这让 Lisa 想起了曾在《南太平洋》纪录片中看到过的那些散落在浩瀚大海上的小小岛屿，孤单的岛屿。

她特别想问这幅画的作者是不是和她一样希望双脚能踏上那些被大陆抛弃的孤岛。走出展厅后，室友神秘地跟 Lisa 说要给她介绍一个新朋友，巧得很，那个新朋友正是《孤岛》的作者——Uppu。

渐渐地，Uppu 开始约 Lisa 吃饭、上自习、看展览，教她画画，有时他们俩，有时他们仨——加上室友。

写生或外拍时带上 Lisa，Uppu 的同学都起哄说女朋友也来了。Uppu 不作声，微笑着回应。生日那天，Uppu 送了 Lisa 一幅画了整整一个月才满意的画，以及他亲手做的黑森林生日蛋糕。

那晚，他们特意去看了场爱情电影。Lisa 满心幻想着

Uppu 会有一个怎样浪漫的表白，但摩羯座的 Uppu 什么都没说，甚至看完电影回学校的路上都没牵 Lisa 的手。

这时，Lisa 完全傻眼弄不懂了，如果不是喜欢她的话，那为什么还要为她做这么多让她误解的事。倔强如 Lisa，Uppu 不先开口，她一个女生绝对不会主动表白。于是，Lisa 一直等，等着 Uppu 向她表白。

表白的那天没有等到，离别的那天却到了。Uppu 要去美国留学了。爱情之花没来得及破土而出，就已提前被掩埋。Lisa 想，原来老天想要给她的不是惊喜，而是惊吓。

随后，Lisa 将豆瓣、微博、微信状态统统都改为"只有最

笨的人，才会想要将友情升级为爱情"。这样想着，Lisa 心里才会好过一点点，还能自我安慰并非一无所有，没有爱情，友情尚存。

在 Uppu 留学美国的两年中，Lisa 毕业了。爸妈苦口婆心劝 Lisa 回老家事业单位上班，但不管用。

Lisa 继续将倔强进行到底，她在北京火速找到了一份媒体编辑的工作，每周末去不同的餐厅尝试新菜成了她生活中最大的快乐。

偶尔 Lisa 也会收到 Uppu 从美国寄来的明信片，明信片上的图片无一例外全是他自己画的孤岛；偶尔两人也会跨越 N 小时的时差有一搭没一搭地聊生活、工作、学习、旅行、画画等，但两人心中默契着，谁都不提爱情。

看到 Lisa 始终一个人，同事开始有意无意地约 Lisa 吃饭，介绍新朋友给她。刚开始，Lisa 觉得这种以吃饭为名义的相亲行为无聊透顶，每每不是以借口回绝，就是草草吃完饭后直接回家，不给对方进一步的机会。

对于恋爱，Lisa 好像失了兴趣。

倒是有那么一人，后来在颐堤港商场再次遇到。那天，

Lisa 去 BlueFrog 见朋友，不想却遇见了正打算离开的他——R 先生。然后，两人开始慢慢联系。

杂志上五颗星推荐的餐厅，R 先生会约 Lisa 一起去试吃；新上映的电影，R 先生会约 Lisa 一起去看；甚至周末和朋友们去郊区，R 先生也会带上 Lisa。

七夕那天，在工体看球赛的晚上，R 先生在万人见证下向 Lisa 表白，Lisa 有一种不真实的幸福感。

她没告诉 Uppu 自己已有男友，他俩已有两个月没联系了。

爱情之花终于开了，在 Lisa 还没准备好的时候。Lisa 开始认认真真地和 R 先生恋爱，做标准好女友，计划过年带 R 先生回家见父母，一年后考虑结婚生子，走上众望所归的幸福之路。

尽管她不清楚自己对 R 先生是喜欢，是爱，还是他恰好在此刻出现了。

R 先生出差浙江半月，回来后的晚上，Lisa 与他在餐厅吃饭，R 先生去洗手间时，他手机亮了一下，Lisa 瞄了一眼是 R 先生微博的私信与评论，原来 R 先生有私人微博，只是未告诉 Lisa。

回到家，禁不住好奇心的驱使，Lisa 搜索到 R 先生的微博，进去看后才发现老天似乎从来就没打算让 Lisa 享受甜蜜的爱恋。出差的日子里，R 先生见了初恋，甚至和初恋重走了一遍回忆之路。

　　天真的 Lisa 以为 R 先生是真的喜欢自己，殊不知，只是因为她笑起来像他的初恋，仅此而已。当初，R 先生的初恋选择去英国读研而放弃了此段感情，现在学成归国，想找 R 先生复合。

　　Lisa 感到可笑，发现自己纯粹就是一个笑话，一个愚钝的笑话，一个是别人替身的笑话。

　　当晚，Lisa 发了结束短信给 R 先生，关了手机。

　　第二天，Lisa 申请了年假，订了最近的航班飞去丽贝岛。她需要一个岛屿，一个像她一般的孤岛来盛放所有的悲伤，也许，不是悲伤，而是不甘心，不甘心自己的恋爱永远如此坎坷。

　　在岛上，Lisa 像《Eat Pray Love》中的 liz 一样，在海边发呆、环岛旅行、禅修、做义工、尽享泰国美食。为了让朋友们放心，Lisa 在微信上发了一条状态：在丽贝岛，拥抱一个人的美好时光。

　　每当坐在海边等待日落之时，Lisa 发现自己想念的居然是会画孤岛、会寄明信片给自己的 Uppu，而不是 R 先生。而此时，他们已失联三个月。

　　东南亚的雨季猝不及防地降临，即便披着雨衣，骑自行车去义工中心的 Lisa 仍然被淋成了落汤鸡。

今天是 Lisa 在岛上做义工的最后一天,明天的飞机回北京,她想要有个完美的结束,不想迟到。谁知,她在转弯时却被迎面而来的吉普车撞倒在地,好在车速缓慢,只是膝盖摔伤流了点血。

Lisa 试图自己站起来,却被人扶了起来,这人身上有种熟悉的气味,让 Lisa 觉得安心。当他开口说话,Lisa 抬头望向他时,彼此都惊呆了,是他,是她,Uppu,Lisa。

命运又让他俩重新走到了一起。

还记得当初 Uppu 为什么不告白吗?原来 Uppu 在认识 Lisa 前就已准备好去美国,不忍心两人在甜蜜阶段就经历异国恋,不确定双方是否足够成熟到能成功度过两年的异地时光。Uppu 当时对自己说:两年后回来,如果再遇见 Lisa,他就牢牢抓住不放。

《Eat Pray Love》中 Liz 在巴厘岛重新迎来了她的爱情,寻找到了内心的平衡;而 Lisa,在丽贝岛再次与 Uppu 相逢。

时光啊,兜兜转转,最对的那个人始终会再见,不管彼此在世界的哪个角落。

在千山万水人海相遇,只想说一句:哦,原来你也在这里!

最好的，总在不经意间出现

下午在和客户电话会议的时候，手机突兀地响了，看一眼来电显示是陌生号码，直接按掉。

几分钟过后，陌生电话又锲而不舍地响起，应该是保险推销员、电话访问员之类，我准备接通后说完"不需要"三个字就立即挂断。

刚接通，却听见对方甜甜的声音：亲爱的，下个月 15 日是我的婚礼，请柬已寄给你啦，现在正式通知你，嗯，记得到时候早点来哦……

我震惊得一句话都说不出来，直到听筒中传来嘟嘟嘟的声音，才意识到自己的失态。我还在会议室。

于是连忙收起手机，继续投入电话会议中。但我根本没办法把注意力集中在会议上，所有的心思都在想她，她的话像蜜蜂一样嗡嗡嗡不停地在我脑海中回响：我已经领证了，下个月就举行婚礼……

去年春节，她还惶恐不安地问我们，是不是自己就这样注定一辈子单身。那时，父母为她精心安排的相亲以失败告终。

和那个男生相处后，男生身上的稳重感与成熟感很吸引她。虽然没有一见钟情的悸动，但她也明白，早已过了爱做梦、渴望轰轰烈烈的年纪，彼此合适顺眼就够了。

正当她满心欢喜地准备与此男生进一步交往时,男生对她却不满意,她过于活泼,而他则更想找一个安静温柔的女生。

她被气得整整三天没出门,发誓再也不会找相亲男。

大学期间,她在图书馆自习时,被对面长睫毛的男生吸引,于是每天六点多就去图书馆排队占座,只为了能坐他对面，等他来。

为了让他记得她，她花了三个月的时间，想了三百种搭讪的方式。

默默暗恋人家一年多，跟他表白的前天，却发现对方已经牵起隔壁班花的手。

后来，她和舍友去临近城市游玩，认识了舍友的高中同学松子。

两人初相识，便电光火石产生化学反应。

喜欢摄影的两个人一路话题不断，完全把我们当空气。

周末，在隔壁城市读书的松子，常常坐两个小时的火车过来，只为了约她一起去城市的街头巷尾拍片。大概每隔两周，她都能收到穿越两个城市而来的唯美照片，那是他们拍摄的，有城市的街头巷陌，有生活其中的人，当然也会有整个背景都是她，贴满了宿舍，像小型摄影展。

果然，没过多久，她就在宿舍宣布告别单身，开始和松子同学谈起了纯纯的校园恋情。

生日前晚，松子同学在晚上十二点之前赶到我们宿舍楼下，陪她一起过生日，还送给了她五百二十张照片，照片里全都是松子同学偷偷拍的不经意间的她。

景色再美，和你比起来，也不过是背景色，暗淡无光。

"你负责拍照，我负责微笑"，浪漫得让人心醉。

陶醉于甜蜜爱恋中的两人，往往都自动屏蔽了现实。

所以，当不得不考虑现实——毕业时，脆弱的恋情便在现实的狂风暴雨中极易夭折。

她和松子同学亦然。

松子同学要回家乡发展，身为独生子的他没办法为了爱情远走天涯。

于是，两人和平分手，各自珍重。

在职场的几年间，她也谈了几场恋爱，每一次都是无疾而终。

不知不觉，被时间裹挟到了大龄剩女的圈子。

熬不住和父母痛苦的对战，她开始试图接受父母安排的俗气相亲。

去年的那场相亲，是双方父母都熟知的人，彼此合适而般配。她以为能就此结束单身，结果却事与愿违。

周末聚会，我们起哄让她老实交代一切，怎么如此之快地找到了那个愿意托付终身的人。

"也没什么，不过是遇到了最对的那个人，所以完全不觉得快呀。"她欢快地说，明眸善睐。

将要和她共度此生的人，是她参加行业某次会议时遇到的。两人匆匆留下名片，以为再无交集。不想，在朋友婚礼上，两个人再次相遇，一个是新娘的同学，一个是新郎的同事。

不经意间，缘分就此来临。

因婚礼而结缘，现在，又将迎来属于他们自己的婚礼。

美好得让人不敢相信。

可这，真真实实地发生了。

在爱情的世界中跌跌撞撞遍体鳞伤后，我们都自以为是被上帝遗弃的那个小孩，注定得不到眷顾。

可很多时候，我们只需耐心地等待，不急不躁。

因为不知哪天，最好的那个人可能就这样出其不意地降临，在你没意识到的时候，带给你惊喜。

然后，你们彼此承诺此生，欣然戴上无名指上的那枚戒指。

在一朝一夕间，懂得岁月静好，现世安稳。

那件疯狂的小事叫爱情

德国有一对年仅六七岁的小情侣陷入热恋后，在某个破晓时分决定前往气候温暖的非洲结婚。两个人还带着五岁的小妹妹，担任结婚见证人。

三个人在等待搭车前往机场时，被警察发现。警察苦口婆心地劝说，他们身上钱不够，也没有机票，很难飞往非洲。小情侣最终放弃了他们的私奔大计。

人小鬼大的小情侣这趟私奔被人们称为最可爱的私奔。

看到法新社报道上他们笑容灿烂的样子，只觉爱情太美好了。

为了爱情，疯狂得浪漫，浪漫得甜蜜，甜蜜得只想让人朝朝暮暮拥有。

Daisy 是典型的白羊座女生，冲动起来仿佛没带大脑，疯狂起来可以把天捣塌下来。在她做过的所有疯狂事中，排名第一的非私奔莫属。

是的，你没听错，是私奔。

这是一个无论你在天涯还是海角，一个手机定位就能知道你的具体地点，一条微信就能和你联系，一张机票就能出现在你身边的时代。

而这种只可能在小说或电视剧中出现的狗血情节，就这么真真实实地在 Daisy 身上上演。而且被她拐去私奔的，还是她亲姐夫的亲弟弟。

我们只能感叹，若真想隐藏什么，就必能隐藏住，只要你有心；若真想隐居于世，让别人找不到，别人就真的找不到，只要你有意。

Daisy 其实算是个白富美，刚刚从加拿大留学回来，是名室内设计师，在她朋友的建筑工作室上班。她妈妈自己开公司，爸爸是当地有名的大学教授。

她还有个姐姐，前年元旦节结婚了，老公是她公司的同事。男生人品不错，长得像韩国明星权相宇，但家庭条件很一般。

男方还有个亲弟弟，父母都是普通工薪阶层。省吃俭用辛苦了一辈子，把所有的钱都用作两个儿子的教育投资了，在这个二线城市里买套房子，还只能东拼西凑付个首付。

在这种情况下，想都不用想，Daisy 爸妈压根是不同意的。不管女方家里有钱没钱，首先父母都会希望自己的女儿嫁个有房有车的。

两个人之间尽管井浅河深，有着天壤之别，跟门当户对的擦边球都打不上，但奈何情深。

有一次，Daisy 的爸爸突然病重，在医院开刀动手术。那时她还在加拿大留学，赶上学期末，妈妈和姐姐都瞒着她，等她考试结束，才让她马上飞回来。

好在，她姐姐的男朋友主动挑起照顾爸爸的重担，尽心尽力忙上忙下照顾她爸爸三个月。在家天天背着她爸上下楼梯，给他捶腿，揉手臂，按摩半小时。在他的悉心照顾下，她爸爸的身体一点点好起来。

这个时候，一家人才感到如此安心，天塌下来还有男朋友顶着。再大的事儿发生都不害怕，也不会慌里慌张，因为知道有他在。

Daisy爸爸痊愈之后，对她姐的男朋友印象大为改观，被他可靠而踏实的品质所感动，于是也就默然同意他俩交往。

在姐姐结婚前，Daisy第一次见到她姐男朋友的亲弟弟子豪，是两家一起在酒店吃饭商量定夺她姐和他哥结婚的日子时。

他留给Daisy的第一印象是冷漠骄傲，与人始终保持距离。大家一起说说笑笑，他在旁边默不作声，连笑容都懒得给。坐在旁边的Daisy夹不到西湖醋鱼，他也不会绅士地帮她，只装作没看见。

总之，第一次见面，Daisy看他非常不顺眼。

在姐姐的婚礼上，他们是伴郎与伴娘。他帮他哥挡酒，来者不拒，喝得不少，却眼疾手快稳稳地扶住因为高跟鞋过高而不小心失去平衡差点摔倒的Daisy，自己却硬生生地撞到椅子尖角上。

这让Daisy多少有些感动，虽然他冷漠，但心还是挺细的。

Daisy失恋，请假在家，每天哭成泪人，头发不梳脸不洗，简直像个野人。她把自己关在房间不吃不喝，谁劝都不管用。

她姐姐回娘家，看她把自己弄成这副模样，忍不住叹气："谁没失过恋呀，没听过最好的治愈方法，一个是时间，一个是新欢吗？子杰（Daisy姐老公）的弟弟认识的男生多，让他给你介绍介绍。"

后来，男朋友没介绍成功，他俩却互相看对眼，喜欢上了对方。

最先知道他俩恋情的是姐姐，震惊过后，倒并不反对。情人节那天，Daisy跟他逛街，不巧，正好遇见了Daisy妈，于是，恋情大公开。

子豪是个敢作敢当的男子汉，当天就买了礼物去Daisy家非常郑重地请求她父母同意两个人交往，但换来了Daisy爸妈的一句"不可能"。

亲姐姐嫁给哥哥也就算了，现在妹妹还要和弟弟在一起。这种事怎么可能嘛，自己家又不是慈善机构。

父母的坚决反对，依然没能浇灭他俩爱的火花。

终于，在一个风和日丽的早晨，Daisy骗父母要去北京出差，骗子豪陪她去散散心，实际上是拐着子豪私奔到广州。

到广州后，Daisy托她好朋友租了套房子，然后才跟子豪摊牌，她心意已决，两个人要征得父母同意的唯一筹码就是子豪闯出一番事业后。只有等他事业发展好，她爸妈才有可能同意他们在一起。

子豪极其不赞同她这种欠考虑的做法。这种冲动欺骗的行为只会让他在Daisy爸妈心中的印象减分。

可如果一旦两人再回去，那争取父母同意的机会必然渺茫了。留在此地，打拼一番，还有机会，如果回去，机会都没有了。

于是，子豪决定孤注一掷，赌一把。

这期间，Daisy只跟她姐联系，告诉她一切安好，还留给父母一句话，等他俩事业发展稳定后再回去请求他们的原谅，但绝不告诉父母他们现在在哪儿。

Daisy妈妈担心得不得了，爸爸倒是一点都不慌，料想自己的女儿没钱用后肯定会回家。

可这一次，Daisy爸爸测算失误。

一晃五年过去了，Daisy私奔后第一次回家是子豪和几个合伙人一起创业成功，拿到第一笔风投的时候。

故事的完美结局是Daisy和子豪两个人最终在马来西亚沙巴岛完婚了。

爱情像是孤注一掷的疯狂赌博，赢了就幸福美满，输了很有可能一无所有一场空。

不是每个人都勇敢如Daisy和子豪，不怕输敢于赌。很多人都怕输，怕失去一切，怕这怕那，不敢为自己的爱情与幸福努力争取。

可是，有时往往只有那些最不怕输最疯狂的人才可能会赢。

为了那件叫作爱情的小事，再疯狂都是值得的，因为是爱情啊。

离开是必然的 想念是不断的

接到教官的电话，确定他20号来北京，我才恍然察觉到，现在，我与台湾那段时光的唯一牵连就是朋友、老师跨海而来的问候电话或邮件。

其实，自从回来后，我尽量不去看不去想不去听与那里有关的新闻和消息。已经翻阅的一页，过去了。回想不过始终提醒着自己所面临的现实尴尬。

但有些时光，它不特别也不传奇，却总是让你念念不忘。稍稍的一丝光影，回忆就排山倒海而来。

我从来都没觉得自己是幸运的人。直到和朋友聊天，她每次都会由衷地感叹：你一直都那么幸运。太多次，我都不以为然。现在，我倒宁愿相信我是一个幸运的人。

因这份幸运，让我时刻感知人生盈满喜悦。

2010年12月底，我在学校采访了一位台湾交换生。等到采访成文，杂志刊出的时候，他已经回台湾了。

记得当时，我随意说了一句：以后去台湾就把杂志带给你。

这种随口而出的话，彼此都没放在心上。

但谁都想不到一年多以后，他和我在台北 101 大楼 85 层的观景餐厅吃意大利菜，我拿着杂志给他看，说起一年前的采访时，心中是多么感叹于人生的奇妙际遇。

你以为不会相见的人，不期然就重逢了。

你以为不会有的经历，奇迹般地经历过了。

你以为的陌生人，却是你生命中最感恩的存在。

我的教官，在他身上，我看到了一切美好和善良。

他主管我们大陆学生，事无巨细地照顾我们。他带我们去买便宜的新鲜水果，半夜开车送同学去看病，为生病的同学煲乌鸡汤，开车带我们去那些他可能已经去了十多次都不止的地方。小到注册报到买生活用品银行卡取不出来钱，大到生病旅游安排，他统统都帮你搞定。

离开的那天，在去机场的路上，我才后知后觉地发现自己粗心到没向学校申请英文成绩单。于是不得不请教官帮忙回学校一趟，去两岸事务处邱老师那儿帮我登记一下。

7 月份，我在回家的火车上接到他的电话，他告诉我英文成绩单已经到四川成都一位同去台湾的朋友家里，请我放心。他们全家去四川旅行就帮我带去了，免得还得出国际邮费。

这么小的事，他却记在心上，在你自己都快忘记的时候，告诉你一切妥当，不用担心。这份用心，不是谁都有。

我以为我们离开了，回来了，就不会再有联系了。因为两岸那么远，这份师生情谊也只不过短短几个月。

但当偶尔接到教官打过来的最平常的电话时，我觉得好像之前的日子一直都在，就算现在在现实中摸爬滚打，可是过去的美好从未远离。

我们只是他大陆学生的十分之一不到，他却是我们一生中唯一的台湾教官。

我这么冷血的一个人，长大到现在，不管是离开爸妈，离开朋友，离开家，离开一个又一个的地方，我从未有过伤感与哀怨。但是，在教官送我们到登机口时，我哭得鼻涕直流、忘乎所以、特别难看，引得旁人侧目。

恋恋不舍的是，那样轻松开心的日子，还有那些可爱的人。世界这么大，谁知道以后是否还有机会再见；变数这么多，谁也不知道下一秒会发生什么。

和同学约好去基隆，带我们去的是一位六十多岁头发花白的爷爷。我以为是同学远在台湾的亲戚，不想却是他们公共选修课上的同学。

六十多岁，拥有两家私人疗养院、女儿在美国本硕博连读、儿子开宝马跑车富甲一方的老人，每天开车两小时到阳明山上课，从不迟到或逃课，不拿年龄做借口，把自己当作年轻人一样学习，甚至比他们还认真。

这样纯粹热爱知识热爱学习的人，我第一次见。

周末，他还为一家医学职业学校讲课，来上课的都是四五十岁的中年人。平日，他们是即将退休的上班人、自己开店半辈子的生意人、在家照顾丈夫担心儿子远在他乡求学工作的家庭妇女。周末，他们共同拥有一个新的身份：学生。

这些中年人，和我身边的那些中年人完全不同，这么大的年纪,谁也不会想到回课堂上课,那都是年轻人才做的事。

但这对他们来说,再平常不过,理所当然。

那天,爷爷带我们参观他的疗养院。有位老兵在这里住了大半辈子,跳海自杀被人救起,却只能终生躺在病床上。他在台湾无儿无女,没有一个亲人,而在大陆的老家,也记不起来了。孤苦无依,躺在狭小的病床上度日,四五十年了。

我们和他说话时,护工在帮他扎针输液,那清瘦的手臂,那涣散的眼光,让人不忍直视。

动荡的战火年代,不知哪一天,一个人走散了,回首时,已看不清回去的方向,只能摸黑走到底,不管身边有没有人。

我心心念念的台中高美湿地,在 6 月份第二次去台中时终于抵达。

因为贪玩,我直接错过了高美湿地到台中市区的末班车。我和同伴孤零零走在路上。还没走十分钟,好心的婆婆帮我们四处询问是否有便车载我们一程,到最近的车站牌就可以。

后来,热心肠载我们的一家人没找到最近的车站牌,想要把我们直接送到住的民宿。实在不好意思再麻烦,在最近的火车站下车,谢过他们,我俩跳上了去台中市区的区班车。

第一次坐船离岛,抵达小琉球,民宿老板在码头接到我们,便火急火燎地告知将有台风来袭,最好下午乘最后一班船回高雄东港，不然会被困小岛。

在小琉球，我想起了三毛在加那利群岛上的生活，住在大海旁边的白色房子里，在看得见大海的客厅里写作看书，累了就随意抬头看看大海。这样的生活，于我而言，真是最最最美好的。

现在的我能在三毛曾经待过的故乡，欣赏到如同她在加那利群岛上看到的一切风景，真的是足够了、知足了。

我们骑车环岛，一边是大海，一边是大山，还有身上的背包。想停下看风景就看风景，想狂奔就狂奔，在一大片无人的白色沙滩，铺上沙滩布，躺在上面，闲闲地看海，胡思乱想，幸福得一塌糊涂。

坐最后一班船回到东港，因为计划打乱而随便住了一家民宿，却因这随意，而交到了一位特别热心肠的阿姨。

曾经在海南生活过二十多年，丈夫有外遇离婚后回到台湾，自己一手打拼生活一手养活女儿。现在女儿已成家立业，自己也开始放慢脚步享受生活。她开玩笑道，大陆的女人太有魅力，自己不及她们。

接到台风警报后，阿姨建议我们立即走，免得台风过境，火车都停运回不去。在走的那天早上，我们匆匆忙忙合影了一张，外面风风雨雨。

有些无奈，生命中就是这样，有些事是无能为力的，就像当时的离别，没办法改变，也没办法停留，离开终是要离开的，遇到再好的人、再美的风景，也要离开。你的生命不属于这里，就只有离开。唯一能做的不过就是留下一张静止的照片。

还有那么多那么多不期而遇的人，我一个晚上都写不完的故事。

现在的你们，生活得怎么样？一切都还顺利吗？

我很想念。

做自己的螺丝小姐

朋友来北京考注册会计师，我们约了时间去繁星戏剧村看了场话剧——《螺丝小姐》，那是一部关于职场的浪漫音乐剧。

到戏剧村时，还在纠结到底看什么的我俩不约而同地被这部《螺丝小姐》海报上的那段话所吸引，半分钟都没犹豫就直接先睹为快了。

海报上写：献给栖息在北京城，奋斗在职场里，同时又迷失在爱情中的都市白领，不是白富美，拒绝公主病。

戏剧结束，走在回家的路上，皓月当空，星星点点，朋友忽然问："你觉不觉得青青就是这样的螺丝小姐？"

我想起了宣传单上的那段话，现代都市生活中有种女人，她不是白富美，也没有公主病。她是拥有正能量的"螺丝小姐"。工作上，她乐观坚毅，是办公室不可缺的"螺丝钉"；感情上，她脆弱敏感，经常把自己死锁在爱情里。

每个人身边都有一个螺丝小姐。

也许，你自己就是螺丝小姐。

我们的朋友青青，她何尝又不是自己的螺丝小姐？

青青两年前去了德国，是公司总部从北京分公司选拔提升过去的翻译，常驻海德堡。

前两天和她视频通话，有个男人在她旁边，温柔而安静地看着她。我们笑说："什么时候交了男朋友都不告诉我们。"

"不是男朋友，是老公，上周我们已经领证了。"青青一语惊人。

两年前，青青感觉自己被世界抛弃了。

两年后，青青感觉自己被世界拥入怀中。

若你被世界抛弃了，该怎么办？

不去想怎

么办,坦然接受,接受被抛弃这个事实,接受痛苦,接受绝望,接受一切,然后忘记被抛弃这回事,当作一切没有发生过,不怨不悔照常继续走下去。

你会发现,终有一天,世界会温柔待你。

这是青青的答案。

青青在八岁的时候,爸妈就离婚了,原因是爸爸喜欢上了一个比他小十岁的年轻女人,青青妈妈一哭二闹三上吊都无法阻止她爸那颗执意离婚的心。

男人一旦绝情起来,便刻薄寡恩到了极致,海枯石烂也回不来的。

就像亦舒所说,当一个男人不再爱你了,你哭闹是错,静默也是错,活着呼吸是错,哪怕死了都是错。

青青被法院判给了妈妈,她弟弟的抚养权则给了爸爸。

离婚不到两个月,青青爸爸又举办了豪华婚礼,迎娶了那个年轻的女人。

爸爸再婚那天,她妈加班到十一点,回家的路上不幸出了车祸,出租车司机受了重伤,她妈抢救无效,留下她一个人就走了。

据说,青青妈妈临走的那个夜晚,从来不喝酒的她却接受了同事去酒吧喝酒的邀请,两杯酒浸入心中,苦涩难当,只是不知到底是酒苦还是她心苦。

当时,青青妈妈还醉意朦胧地骂道,男人没有一个好东西。

酒不醉人人自醉,情不伤人人自伤。

多少红颜悴,多少相思碎,唯留血染墨香哭乱冢。尘缘从来都如水,罕须泪,何尽一生情?

妈妈去世后,青青被爸爸接过去和他们一起生活。

那个他们,那个新家,却无法温暖青青一点点。

那个年轻的女人又生了一个弟弟,那个家,以前是四个人,餐桌的椅子配套是四把。如今青青一来,已变成五个人,椅子要再添加一把,碗筷也要再添加一双,吃饭时,拥拥挤挤,好不别扭。

青青觉得自己是多余的一个暂住别家的客人,找不到属于自己的一点位置。

后妈每天都给她脸色看,爸爸对她漠不关心,弟弟年纪小什么都不懂。这个世界上,青青也只有她自己与自己相依为命。

十八岁,青青考入了全国最有名的外国语大学。她从那个家里搬出来了,开始了自己兼职打工挣学费和生活费的生活,彻彻底底地离开了那个所谓的家,没再找家里要一分钱。

在某个艺术画廊兼职时,青青认识了另一位志愿者。

后来，那个志愿者成了青青的男朋友。

男生是隔壁学校的学生会主席，能力强，学习棒，指点江山，激扬文字，是众所周知的才子，一大批女生的梦中情人。

青青清秀温婉，每年都拿全额奖学金，和他是大家眼中最令人羡慕的校园情侣，私底下被传为金童玉女。

大学毕业后，青青顺利去了一家德国公司。而她男朋友则全力准备公务员考试。男友备考期间，青青像照顾自己的儿子般照顾男友的饮食起居。

她重新调整了自己的作息时间，习惯早睡的她每晚都陪着男友到凌晨一两点才睡；早上五点多起床为男友准备早餐后再去上班，从不参加同事的聚会逛街，下班后直奔家里为他煲汤，变着花样准备饭菜，生怕他的营养跟不上。

后来，男朋友考上了公务员，青青觉得苦日子终于要结束了。

在她满心欢喜地期待未来新生活时，男友却提出了分手。

男友的高中女同学在老家有权有势，一直对他穷追不舍，即使他已有女友多年。男友在考试时瞒着青青直接报了老家的公务员，因为可以照顾他那个家，他是家里唯一的儿子。

他从始至终都计划着回家乡，而他的未来计划中从未将青青纳入。

他愿意倾心的，也许是那个可以帮他大展宏图、早日实现抱负的她。

这样的男人，他谁都不爱，他最爱自己。

他们在一起六年。

青青把自己十八岁到二十四岁的时光给了他。

女人拿一辈子都不会再有的鲜活青春做赌注，最后换来的却是人家拍拍手就走的结局。

父母的爱如此短暂，男友的爱如此不堪，这个世界留给青青的除了满目疮痍，还有绝望。

活着的那一点点期盼都被毁灭了，青青想到了自杀。

走到河边，滚滚河水奔腾向东，卷起千层浪。青青却丧失了那纵身一跳的决心与勇气。

死是件很容易的事。

但既然死都不怕，那么这个世上还有什么可以让自己害怕的？

青青最终还是走到了河边，走向了远方，她心中的远方，没有停歇站，没有终点的远方。

相不相信爱情是其次了，最重要的是在饱尝辛酸后，她仍然不减半分地热爱生活，像刘瑜所说的那样积极乐观地活着，一个人像一支队伍，不气馁，有召唤，爱自由。

即使被世界抛弃，也不放弃做自己的螺丝小姐。

有些事现在不做，一辈子都不会做了

两年前的一个初秋，我在图书馆看书时接到我妈的电话，她带给了我一个让人无法接受的消息。我那个三个月前检查出来只是患了并不严重的小病的小姨，病情恶化，现在已经住进重症监护室，没有多长的生命了。

我妈跟我通电话时，声音哽咽："几个月前好端端的一个人，现在瘦弱得只剩骨头，像个小孩缩在病床上，谁都不认识了，连自己的儿女都不认识。姑外婆哭得晕过去了，天天输液。"

小姨是我姑外婆的第七个女儿，才三十岁出头。曾经也是家里娇滴滴的小公主，结婚后便开始朝女强人的方向发展，跟着她的姐姐们学做生意，起起伏伏，后来开了好几家汽车店。

店子里的事，家中的大小事都是她来做，姨父基本是甩手掌柜，不管，也管不了。姨父家以前什么都没有，现在的家产基本是靠小姨辛辛苦苦挣来的。

有一次，姨父晚上停车时不小心擦到了路边的另一辆车，被那个混社会的车主讹诈，赔偿金没谈拢，后来车主带了一大帮人到小姨的汽车店闹事。

小姨让姨父去外地躲一段时间,她自己一个人出面和那帮男人谈。气场十足的她,让那帮男人佩服得五体投地。

后来,讹诈不但不了了之,那帮人还成了小姨店中的客户。

这样一个在混混面前都毫不惧怕的女人,在病魔的折磨下,毫无反击之力,生命力正一点一点地消失。

在死亡面前,再强大的人都是那么脆弱不堪。

我最后一次见到小姨,是她患病前的那年春节,去姑外婆家拜年。她齐肩的头发,微卷,脸上白里透红,穿着修身黑色长裤和黑色长靴,上衣是件Burberry经典款风衣,体态轻盈,温柔地跟我们聊天,一点都不像女强人,反倒优雅中透着可爱,像是刚过二十五岁的轻熟女。

而在那之前,我在外婆家看到她的照片,刚刚生完第二个小孩,胖到了一百五十斤。

那天看到她,我想起了那段关于女人的话:一个拥有强大内心的女人,平时并不是强势的、咄咄逼人的;相反,她可能是温柔的、微笑的、韧性的、不紧不慢的、沉着而淡定的。

小姨去世后,听得最多的是惋惜。

那么年轻的女人,事业有成,儿女双全,辛辛苦苦了十多年,却等不到儿子长大、女儿嫁人,事业再一次的辉煌。

小姨清醒时,曾在病床上狠狠捶打自己,想不开。她还有那么多想做的事,还没和六个姐姐貌美如花地去旅游,还没和丈夫好好过一次情人节，还没给自己好好放个假，还没去美容院体验那个最贵的 SPA……

生命没有多少时，才会想起那么多想做的事没有做。

而那时已无力去做，最终，只得遗憾而去。

2012 年春天，我在台湾做交换生时选修了一门课，叫悲伤辅导与治疗。在讲到临终看护时，老师向我们解释，在人面对死亡的时候，特别是长期病程的癌症，病人会先保持否定的态度，不敢去面对实情，接下来会生气，认为为什么是自己得了这个病，再接下来开始了解死亡是不可避免时会呈现忧伤，最终才会接受它。老师讲完后，放了一部电影《遗愿清单》。

两个罹患癌症晚期的老人住在同一间病房，一个是富翁爱德华，另一个是汽车修理工卡特，身份地位悬殊的两个人刚开始合不来，摩擦不断，而彼此唯一的相似点便是都只有所剩无几的活在世上的时间了。

卡特随身藏着一张黄色的纸条，那上面写着他想做却未曾实现的愿望，他把那叫作遗愿清单。那是他大一哲学课上，老师布置的任务。

某天清晨，阳光洒进病房，爱德华无意之中看到了那被揉成一团丢在地上的遗愿清单：友善地帮助一位陌生人；大笑至流泪；欣赏宏伟的景象；亲自驾驶福特野马跑车……然后，他又自顾自地写上了其他的愿望——跳伞、亲吻世界上最美的女孩、刺一个文身，并鼓动卡特一起行动，完成这些梦想。

"我们是一条绳上的蚂蚱，要么躺在病床上，参加狗屁的医学实验以期待奇迹的发生，要么采取一些行动。"爱德华如此说道。

曾经不相干的两个人，变成了相依为命的人。

在卡特和妻子大吵一架之后，两个人开始了圆梦之旅。

影片的开头是喜马拉雅山的壮丽风景和一段引人思考的旁白：一个人一生的意义很难衡量，有人认为，这在于此人留下了什么；而有人则认为，这在于一个人的信仰；还有人认为，这在于爱，其他人则说，生命根本没有任何意义。

之后电影的前半部分，我看得昏昏入睡。

让我猛然惊醒的是爱德华和卡特在埃及金字塔顶端俯瞰到的宏伟景象。

古埃及人有个美好的愿望，当他们的灵魂到了天堂的入口，神明会问他们两个问题，而问题的答案将决定他们能否进入天堂。

"你找到生命中的快乐了吗？"

"你为他人带去快乐了吗？"

在回答第二个问题时，爱德华支支吾吾，最终道出了他心中的秘密——他和女儿的间隙。当我看到他在女儿家，亲吻他的外孙女，然后划掉了那则心愿——亲吻世界上最美的女孩时，深深地感动不已。

在现实生活中，生命所剩无几的人都不会如爱德华或卡特这般幸运，还能够完成那份遗愿清单。

大多人都只是躺在病床上，看时间一点一点过去，时间走了，他们也走了。

有些事曾经没做，之后就一辈子都没有机会再做了。

影片结束后，老师布置了一份作业：假设你只有三个月的生命，你有什么想做的事、想说的话，试着写一份遗嘱。

我已经忘了自己写过什么，只是在写完这份作业后，我的第一个改变是立刻开始学雅思，一刻也不能耽误，我想要出国留学，我知道那是我内心最最渴望做的事，即便生命只剩下三个月，我也愿意为此而努力一番。

后来,从台湾回来,在同学都找好工作、保研考研成功的时候,我居然能心平气和地静下心来学英语,全力备考雅思。

回想起来,我自己都佩服自己的定力。

考完雅思只是漫漫留学开始的第一步,写申请材料又是艰难的一步。那会儿,就连上厕所都在想自己的优势是什么、怎么样才能让申请书写得有血有肉吸引导师看、学习计划书要如何构思,等等。

后来,当我收到心仪学校的面试邮件时,我想:实现梦想的每一步虽然艰难,但让你如此心甘情愿,即便最后面试失败,被学校拒了。

我暂时没有实现那个愿望,但我为它付出过争取过努力过。

我知道,这个梦想的结局不会是现在这个样子,它未完待续,等着我现在即刻起程为实现它而倾尽全力。

我想去看世界上最伟大的印度教建筑,想去清迈领略泰北田园小清新,想去越南经历人生中必去的五十个地方之一,想在大学期间有交换经历,想要出国留学,为此我拼命学习,努力工作,努力挣钱。

很幸运,这些事大部分实现了,除了出国留学。

其实,事情没有那么难,走出第一步,最难的就已经跨越了。

日本有个临终关怀的医生大津秀一，他从上千例临终病患的"人生至悔"中总结出了最后悔的二十五件事，它们是：

没做自己想做的事

没有实现梦想

做过对不起良知的事

被感情左右度过一生

没有尽力帮助过别人

过于相信自己

没有妥善安置财产

没有考虑过身后之事

没有回故乡

没有享受过美食

大部分时间用来工作

没有去想去的地方旅行

没有和想见的人见面

没能谈一场永存记忆的恋爱

一辈子都没有结婚

没有生育孩子

没有让孩子结婚

没有注意身体健康

没有戒烟

没有标明自己的真实意愿

没有认清活着的意义

没有留下自己生存过的证据

没有看透生死

没有信仰

没有对深爱的人说"谢谢"

每个人都有自己想做的事,也知道要趁早去做。但是大家觉得时间还有很多,总之拖延症成了最大的癌症。

等到最后,一切都已经来不及,才悔恨至极。

有些事现在不做,一辈子都不会做了。

但愿这世上谁都不要有这种悔恨。

V

你与星河，皆可收藏

美好也好，疼痛也罢，都会随风逝去。生命中的情节无法删改，你我只需安然接受得失，以最美的姿态编织最美的年华。至于那些执念、伤痛、欲望，也不必太过忧惧，顺其自然便好。如此，时光才会完好如初。

时光微凉人安好

中秋节那天下午，我从圆明园走去清华西门见一个台湾朋友。

两年半前，我们才刚刚认识。那时，接待台湾杰出青年访问团，我负责全程摄影拍照。在欢迎晚会上，被他们一群台湾青年强拉着上台与之互动。

主持人说到某个数字，大家要抱在一起凑成那个数，落单的则直接出局。主持人刚开口，台湾青年便团团抱住，只有我傻站在旁边，不知道该走向哪个圈圈中。

面对那些长相相似，却来自不同地区，有着不同经历的同胞，我忽然不懂得该如何走到他们身边去。电光火石之间，右边的人伸出手直接把呆愣中的我拉了过去。

晚会结束后，我们知道了彼此的名字，他送了我一块木刻的台湾地图。

他是我交到的第一个台湾朋友，地图也是我第一次收到台湾朋友的礼物。

当时，他将要来大陆交换；而我，已买好三天后去台湾的机票。

我们都错过了彼此在台北再次相见的机会，却没有理由地笃定，将来某天依然能再见，在北京或台北，或世界其他的角落。

快到清华西门时，他打电话告诉我他站的位置。那会儿，我刚走到路口，准备过红绿灯。

我其实很担心找不到他。

两年前的相识，那么多名字，那么多张面孔同时与你相熟时，你什么都记不住。两年未见，中间又联系甚少，他的样子在我脑海中已变得模糊，像是玻璃蒙上了雾气，一片混沌。

可当我走到人群中时，却一眼认出站在花坛边的他。

有些人认识很久却感觉很陌生，有些人刚相识却感觉一见如故。

有点难以置信，两年前匆匆相识，一个在台湾，另一个在北京，如此幸运还能在一起喝咖啡，好像梦一般不真实。

"为什么不会再见，我又不会挂掉。只要活在世上，无论相距多少英里，都有机会再见面啊。"他非常诧异地反驳我。

那天晚上，从咖啡馆出来和他散步，一轮圆月高悬于天际，依稀还能遥望到几颗星星，风轻轻柔柔地吹拂，我闻到空气中浓郁的咖啡香。

我曾想过，中秋这天要一个人去吃顿自助餐，买最大份的爆米花和可乐看一场喜剧电影；或者买上一大堆零食躲在家哪儿都不去，等着半夜十二点对着月亮许愿。

但从来没想过，会有个跨海而来的朋友陪我过我其实很讨厌的中秋节。

他说：真开心，在大陆第一个中秋节，有你和我一起过。

我忽然想起，这几年的中秋，又是谁陪在我身边？

去年中秋，我在杭州出差，是在埋头写方案中迎来中秋的。

写完方案已凌晨三点，睡了不到两个小时就被设计师的电话吵醒，讨论他新设计完的创意。

合上电脑的那一刻，我打开窗帘，才发现天已经亮了，酒店楼下的餐厅飘来了烤面包与黄油的香味，街道上又开始车水马龙，整个城市早已苏醒过来，又恢复了它的喧嚣与浓妆艳抹。

而我，又是这样一夜未眠到天明。

上午，跟客户提案并不顺利，被客户一直质疑。过节的心情像泄气的皮球，扑哧一下没了。提完案和客户吃过中饭后回到酒店，几乎两天没睡的我倒床即眠。

再次醒来时，已是第二天早晨。

第一次，我在沉沉睡梦中度过了中秋节。

没有扰人的短信与电话，没有聚会落单的孤寂，当然也不会有团圆赏月的温馨和幸福。一切，不过是瞬间的记忆错空。

我直接跨过，好像也免了那些徒增的感伤。

2012年的中秋，我和男朋友，还有豆瓣上一群文艺青年去了坝上草原。

刚入秋的草原，草已经枯黄，却有另一种说不出的苍凉之美，我爱极了。那里有片白桦林，风一吹，树叶沙沙作响，像伴奏，只等朴树嗓音沙哑地唱出那凄美的爱情之歌："心上人你不要为我担心，等着我回来在那片白桦林……"

我一个人不敢骑马，他牵着我的马走了差不多四五公里的路，脚上直接涌现了N多个水泡。晚上的篝火晚会，在民宿店老板破旧音响的伴乐中，我们一起跳舞，明亮的月光下，他偷偷亲吻我的脸颊。

草原，中秋，骑马，篝火晚会，还有身边的他。

那是我愿意此生就此停留的幸福得晕头的中秋之夜。

遗憾的是，那个完美的中秋后来成了我有意识抛弃的记忆。

因为，最终我们还是分开了。

2011年的中秋，为了早上六点见到萨芬，我和欢欢提前一晚去了机场。

在凌晨的机场大厅，因为萨芬，我们认识了好多天南海北的朋友。我们把月饼当作夜宵，感谢这辈子居然有这样的好运气能见到萨芬。更重要的是，天南海北的我们，此时此刻还能陪伴在彼此身边。

后来，每每回想起这个中秋，就像她所说，眼前都会是那天清晨见到萨芬时的怦怦心跳和夜晚北理工操场的大月亮，翻出照片和日记，把那一天在心里再过一次。

如果不细细回想，我还未意识到这些年，我是在不同的城市、跟不同的人一起度过中秋。那些人中有朋友，有闺密，有同事，还有过去的恋人。

每一个人都在我的生命中出现，并扮演着那么重要的角色。

我和他们每个人都走过了一段时光，有些时光已逝去，有些时光是钟表上秒针刚刚走动的距离。

未来，无数个中秋节，也许有人陪我过，也许我自己躲在地球上某个异国他乡没有地名的夜空下独自赏月。但一点关系都没有。

纵使岁月悠长，时光微凉，旧人新事仍安好，再可叹，此生无憾。

把过去留在过去

很多年以后,五月还能清晰地想起那个有星星的夏日夜晚。在学校操场上,他站在心形蜡烛的中间,弹着吉他,为她深情地唱着光良的《第一次》。

"哦,第一次,我说爱你的时候,呼吸难过心不停地颤抖……"

那时,临近毕业,是传说中黑色的七月分手季。

他留校继续读研,五月去了一家培训机构上班。

他们在学校附近租了房,生活用品买了两套,钥匙配了两把,开始两个人的小生活。

周末,五月喜欢拉着他一起去市场买菜。她做简单的饭菜,学着煲汤;他则全揽了洗碗、拖地、洗衣的活儿,像结婚多年的夫妻那样生活。温暖而美好。

"等我研究生毕业,工作一年后就结婚吧。"喝汤时,他这样跟五月承诺。

五月笑笑,假装严肃地说:"那可不行,至少等你买到蒂芙尼求婚钻戒的时候再说吧。"心里却一直猛点头,甜蜜得窒息。哪要什么蒂芙尼钻戒,只要你说,我就愿意。

幸福如此触手可及,她觉得不可思议,好想就这样子直到天荒地老。

一个女生最想要的是什么？

不过是听爱着的那人亲口说出那三个字：嫁给我。纵使不是在求婚，口头上的承诺，亦早已牢牢在心中刻下了一串字符，一辈子都记得住。

他毕业答辩前，五月特意向公司请了两天假。

如此重要的日子，五月不能缺席。当然，她更不想缺席。

她想着，日子过得多快呀，一晃而逝。两年前，她才刚刚和他牵手；现在，他即将毕业；明年，也许这个时候，他俩就要结婚了；后年，宝宝都要出生了吧。

那天，下班回到家，五月特意买了咖喱，准备做他最爱的咖喱鸡。

回到家，屋子却空空如也。所有他的东西，都不见了。打电话给他，无人接听。打电话给朋友，无人知晓他的去处。

早上，她和他还一起刷牙，一起喝过豆浆，一起离家，她去工作，他去学校。现在，他却不知影踪，毫无消息。

那一夜，五月一直盯着电话。

早上五点，沉默一夜的电话终于响了。是他，没有任何多余的废话。电话那头只有一句：我们就这样吧，分手吧。

没来得及问个解释，电话那头就传来嘟嘟嘟的忙音。

后来，还是五月的小师妹告诉她，他留校了，学校给解决了户口；还看见他和学校领导的女儿在其生日聚会上手牵手出现。

他们都遇到了自己的天雷地火，就把小相好无情辜负。

哦，原来成双成对离形单影只，也不过是一个户口和工作的距离。

再遇故人是五年后，五月刚刚从澳大利亚回来休年假。

五年的时间，她在澳大利亚读完了硕士，留在那儿工作，现在拿到了绿卡。

五月和爸爸吃完饭，走出餐厅，正好遇见他推门而入。

短短几年不见，原本温润如玉的男子已是大腹便便，双眼黯然无神，满脸的戾气。看到五月的爸爸，他微微一怔。

回来和老同学聚会，他们聊起他，离过婚的男人，没有了学校领导女婿的头衔，事业开始一落千丈。和几个老乡合伙开了间小公司，天天出去跑业务，成交量寥寥无几。

五月回澳洲的前天接到他的电话，约在了学校旁边他们曾经常常去的那家湘菜馆。五月本不想去，回头想，以后大概是不会回来了。过去欠一个面对面的告别，如今就当重新补上。

见到她，他问：过得好吗？随即，又自嘲地笑笑，校长的女儿，哪里又会不好？

是的。她没告诉过他，自己的爸爸是学校校长；没告诉过他，其实，户口、房子、车子这些都不是问题。

没有必要告诉。

那件事发生后，五月辞了工作，专心准备出国读书，一心一意只愿离开，去哪里都好。那时，她心中有恨有泪有委屈，碰在一起，都是心碎的声音。

五月想问他过得好不好，却不知怎么开口。

那些寒暄的话，都不太适合彼此。

临走时，听到他忽然说，其实……其实，我一直在打听你的消息，一直……我一直没有忘记你……你知道的，那个时候……想要留校，没有关系，几乎不可能……我们，我们还能像以前那样吗……你看……你说喜欢的蒂芙尼钻戒……

五月轻笑了，呵，自己当年爱着的男子，现在才看清楚。

她没回答，递给他一张名片后，直接走掉。那是五月爸爸朋友的名片，他一直要合作的客户。

回去的路上，五月想起读书时看过的一句话：

"什么叫多余？

夏天的棉袄，冬天的蒲扇，还有我已经心冷后，你殷勤。"

几天后，五月在机场，丢掉了一直小心翼翼保存的手机卡，连同过往的一切，头也不回地踏上了回澳洲的飞机。

世界那么大，也只剩我们相依为命

这些年，我已经很少见到她了，尤其是在我工作后。

不常回家，更不常回老家，看望她。

最近一次遇到她，还是去年国庆。

堂妹的婚礼上，她帮着忙上忙下。我跟她打招呼，她笑笑，叫着我的小名，就没有再多说一句。

已经不知道要说些什么了，不知道唤一声小名后，彼此再怎么开口打破尴尬。

生活截然不同的我们，只有那淡淡一笑和那悠长岁月中的小名，才是彼此熟悉的频率。

很难想象，我们曾经一起捉过鱼，摘过葡萄，玩过捉迷藏，一起在蝉鸣悠然的午后唱"池塘边的榕树上，知了在声声地叫着夏天……"

那么久远的事了，我好像不到十岁。

我第一次见到她，是在我奶奶家。

记得那年暑假，爸妈没时间照顾我，就把我丢给奶奶。她是我奶奶家的邻居。

刚看到她时，便被她后背鼓起的大包吓得不行。她说话也结结巴巴，口吃得严重。她把糖果递给我时傻傻地笑，我躲在奶奶背后，不敢伸手接。

一个女孩，驼背那么厉害，还口吃得严重，几乎没有人愿意跟她交朋友一起玩。

我和其他小朋友玩耍时，她默默跟在后面，看我们玩，隔着一定的距离。偶尔，邀她加入，她则飞快地跑过来，笑得像花儿一样灿烂。

难得风和日丽的一天，大家约好一起去钓小龙虾，没叫上她，但都知道她肯定也会跟来。等我们刚到小池塘边，远远看

着她一蹦一跳地朝我们这边走来。

我边和其他人说话，边走过去换诱饵，狭窄的田埂，一不小心脚踩空，直接掉到池塘里。虽然，水并非深不见底，却也把我吓得半死，因为我不会游泳，双手死命挣扎。她见状，立刻丢掉手中的钓竿，想都没想就跳下池塘，拉住我的手不放，把我救上岸。

为了不让奶奶发现，那天，她陪着我把衣服晒干后才回家。

从此之后，我开始主动去找她玩，把从家里带来的各种零食和她分享。看得出来，她非常开心有了新朋友，我偶尔疑虑，我是不是她的第一个朋友。

那年暑假，我和她走得很近。

她一直和爷爷奶奶住一起，从来不见她爸妈。

我以为她和我一样，爸妈忙于生意，没人照顾就来爷爷奶奶家。

后来，无意中听别人说起她家的事，才知小小年纪的她，竟然遭遇那么多，开始心疼她。

出生时，妈妈不知道怎么正确地抱小孩，导致才几个月大，她的脊椎就已变形。两三岁时，驼背已经很明显了。后来，感冒，高烧不退，把脑子烧坏了，得了轻微脑膜炎。虽然痊愈，但也影响了智力。

屋漏偏逢连夜雨，船迟又遇打头风。那个时候，她爸爸被确诊为癌症，不到一年就去世了。仅仅两岁多的她，还不知道爸爸在她生命中意味着什么，就已经永远地失去了他。一年后，她妈妈也丢下了她，不告而别。

生命伊始，她的人生便经历了翻天覆地的变化，最后只剩茕茕孑立的荒凉。

命苦的她，只剩爷爷奶奶相依为命。身为退休干部的爷爷奶奶，生活虽然不算特别富裕，但也不愁吃穿。可是，爷爷奶奶的爱，是怎么也替代不了父母的爱的。

那几年暑假，我都会回奶奶家，只想和她玩。

那几年，是我们此生中难得有交集的时光。

后来，我开始在补习班中度过暑假，一年都难得回奶奶家。我们之间渐行渐远。曾经相交的点，似墨迹，慢慢晕染，而后消失，无影无踪。

我只能在爸妈口中听到关于她的消息。

她爷爷去世，她叔叔——奶奶剩下的儿子也去世了。

当年抛弃她的妈妈患了重病，托人找到她，希望能看看她。奶奶还在为当年的事怨念她妈，叫她别去。她什么都没说，背着奶奶一个人去见她妈。

身边的人一个一个都相继离世，世界那么大，最终，只剩她与她奶奶。

因为驼背又口吃，没有人愿意替她说媒，二十七八岁了还没嫁出去，也可能一辈子都嫁不出去了。

每每说起，只有唏嘘。

人们常说，上帝关闭一扇门的同时，也会为你打开一扇窗。

可我只看上帝一扇一扇关闭她的门，却没为她打开任何一扇窗。无情而决绝，让她的世界黑暗得连阳光都无法驱散开来。

而她，除了忍受，又能怎么样呢？

她还有什么所想的呢？

不过是想着奶奶身体一直硬朗下去，多活几年，多陪她几年。在不多的岁月中，能相伴久一点已是奢求的福分。

感谢你让我成为更好的人

每个人的一生中总会遇到各种各样的人，有的人抛弃你，有的人被你抛弃；有的人让你痛苦，有的人让你幸福；有的人让你的心变得柔软，有的人让你的心穿了一件盔甲。

我们总是希望遇到待自己温柔如水、对自己呵护备至的人，远离那些对我们残酷无情的人。

可有时候，常常是那些所谓的不好的、错误的人，却促使你成了一个更好的人。

喵喵和男友是大学四年情侣，毕业后因为男友执意回老家当公务员而跟随他一起回到那个亚热带的三线小城，但其实喵喵在校园招聘时已经签到了一家外企。

当事业与爱情站在天平的两端时，喵喵毫不犹豫地撕掉了那份合同。

她说，两个人在一起不容易，总得要有个付出得更多，她愿意是那个多付出的人。那时大家都感叹，能有这样温柔懂事的女友，男友上辈子一定是做了太多善事，积了不少德。

小城生活，安逸而平淡，轻松自在，喝喝茶看看报，压力不大，竞争也不激烈。半年之后，他们两家计划买房，第二年国庆结婚。

可是，美好的事情总是意外不断。

喵喵男友领导的女儿，在一次饭局与他相识后，就开始对他穷追不舍，不顾他已有女友的事实。甚至开诚布公地向他表示，想要在事业上有所作为，她的家庭可以帮到他更多。

结果，大家可能都猜到了，在面对事业和爱情的时候，男友选择了事业。

头顶上的那片天空忽然倒塌，喵喵伤心欲绝，整天以泪洗面，有好几次走在路上，都想着有辆车直接撞过来，让她解脱。

喵喵妈妈好似有心灵感应般，怕她想不开做傻事，无时无刻不陪在她身边。

有天晚上，喵喵妈妈因为照顾外婆半夜才回来。临睡前去喵喵房间，却看到满手是血的喵喵，地板上掉了一块刀片。

因为发现及时，喵喵被抢救过来了，不过，在医院休养了半年。这半年，喵喵说话次数没超过十次。

爸妈担心她在这个伤心之城又想不开，寻绝路，于是安排喵喵去了上海表姐那儿散心，后来阴差阳错地就直接在表姐的外贸公司上班。

专业是法学的喵喵，对外贸根本窍不通，几乎一切从零开始。

每天抱着砖头大的书啃，下班后买个面包就直接去图书馆看书到闭馆，早上五点多起床，跑个步，自己做早餐，然后学习一个小时再去公司。

这种状态,喵喵坚持了整整一年。

在那些阴冷的冬日清晨,她看着整个城市慢慢苏醒,默默告诉自己一切都会越来越好。

亦舒说:为工作出力永远获得报酬,为一个人费心思最划不来。

喵喵深以为然。

三年后,在前男友结婚生子过着一眼看到头的日子时,喵喵来了个华丽转身——她成功地拿到了法国精英院校巴黎高等商学院(HEC)双语MBA 的 offer。

在法国读书期间,喵喵能用法语流利地和当地人聊法国政府所采取的一系列调整措施对改变法国经济颓势的有效程度;她知道如何用一条丝巾搭配出十多种不同的风格;闻一闻精油,她就清楚是保加利亚玫瑰还是葡萄籽原油添加过多。

毕业后,喵喵凭借流利的中、法、英三种语言及自信落落大方的面试表现,顺利进入全球顶尖的化妆品公司巴黎总部。

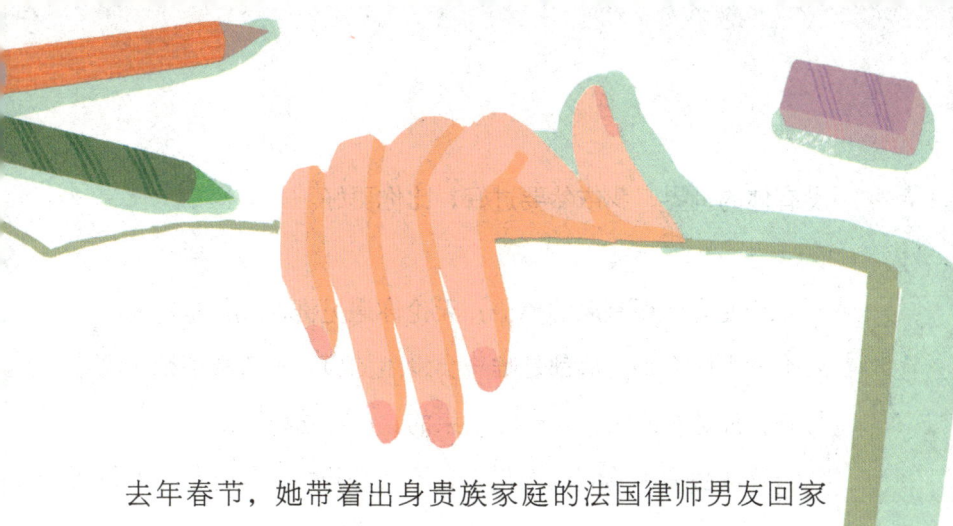

去年春节，她带着出身贵族家庭的法国律师男友回家见父母。没过多久，她在南法蔚蓝色的地中海小城，身穿 Vera Wang 私人订制的婚纱与男友甜蜜相吻。

短短不过四五年的时间，谁也不曾想到，那个曾经为爱可以放弃自己生命的女孩，如今已然蜕变成了优雅干练有品位的地道巴黎女人，浑身上下都散发着一种令人着迷的魅力。

爱情让她遍体鳞伤，那些受伤的地方都时刻提醒她要变得更坚强更好。

朋友问喵喵，如今是否还记恨那个前男友。

"我倒感谢他的无情。不然，我只怕还是那个下厨房洗手做羹汤、为老公洗臭袜子、和婆婆斗气的艳俗女人。"

是的，有时候你要感激他们的无情，正是如此，才让你心中憋了一口气，想要拼命努力，证明自己，没有你的世界，我依然要过好，比你更好。

印度有句很有名的谚语：无论你遇见谁，他都是对的人。无论发生什么事，那都是唯一会发生的事。不管事情始于哪个时刻，都是对的时刻。已经结束的，已经结束了。

感谢生命中遇到的人与事，不管好与坏，都让自己变得更好了。

最难习惯的，莫不是离别

和同事说起习惯的事，像在麻木中甘之如饴，顿觉十分可怕。

以前，从来不会尝苦瓜，现在吃过几次后，好像也慢慢习惯了它的味道；

以前，从来不敢想象每天上下班要花两个多小时的时间，现在却习以为常，每晚八点多正常到家；

未恋爱之前，绝对不能容忍男友不爱干净，整日打游戏，现在，在一起两年后，之前种种无法容忍的陋习好像也慢慢习惯了。

就这样，我们总是会在不经意间发现，所有曾经不习惯的、努力抗拒的，都会随着时间而默然接受，并习以为常。

我们都那么笃定，我们终将习惯一切。

我的外婆，曾经是地主家的千金，因选择嫁给了农民出身、一无所有的外公，与父亲断绝父女关系，从此告别了衣来伸手饭来张口的生活。

外婆最小的女儿——我妈妈出生后没几年，一次，在为供销社托运货物时，外公不幸被掉下来的建筑材料砸到。虽然生命抢救了过来，但落下了终生的病根，几乎天天药不离身，一直到去世前。

自此，外婆每天四点多就起床为外公熬制中药，等到中药熬好，天已大亮。十多岁的姨妈每天早上都被难闻的中药味熏醒。

那是永远存储在她记忆深处的童年气味。

为了撑起一个家，外公外婆开始做牛场生意。

卖牛与买牛的人齐聚他们家进行交易，外公外婆为此要准备好茶水、饭菜；生意人常常会打牌到深夜，外公外婆也要陪到深夜。等买卖结束，人走光，打扫完卫生，通常都是凌晨两三点。

第二天，又早起为新一天的生意而准备，如此循环往复好几十年，从来不曾停歇。

那些年，外公常常病发，命悬一线。每一次，外婆都以为外公会就此离开,寿衣都提前准备好。但外公,每次都会奇迹般地从死神手中逃掉。

从生死线上挣脱而出的外公,看见外婆血泪盈襟,总是安慰说,他不忍心留下她一个人生活,所以绝对不会先走。

人们常常说外公命硬,一副药罐子身体,与病魔抗争了三四十年,都没离去,活到八九十岁都没有问题。外婆也这样想,以为最先走的那个人会是她。那时,外婆已患有冠心病。

2009年,外公旧病复发,大家都以为这次外公也会像过去那样,住院一段时间就会好起来。但这次,幸运之神没有光顾外公,外公提前离开了。在大家都没想过他会离开我们的时候,他永远地离开了。

外公去世前几天，外婆总是坐在外公床尾，替他揉脚，跟他聊天，说起过去那些年的事，大舅是如何调皮地毁坏别人的庄稼后不敢回家，他们又如何连夜去找他；妈妈第一次带爸爸回来见他们的时候买了几斤肉……那个时候，外公已不能开口说话，但他会流眼泪，手常常想要抓住东西，一动一动，却没有力气。

如今，外公走了已好几年。

每天吃饭，外婆仍然会多摆一副碗筷；看电视时，突然间就冒出"老头子，昨天那个电视剧是几频道"；街坊邻居过来，外婆还会脱口而出"老头子，去洗点水果来吧"……

在外婆心中，外公好像只是和牌友们喝茶去了，一会儿就会回家。

2012年，大舅胃痛得厉害，手臂时常痉挛，被医院确诊为癌症晚期，医生让我们做好心理准备。

看着大舅身体一天天消瘦，五十多岁的大人只剩皮包骨头，体重才几十斤，晚上痛得缩成一团，意识模糊，慢慢变得不认识人。

外婆椎心泣血，哭着对老天爷说，让她这个将要入土之人来遭受这种罪好了。

眼睁睁看着自己的孩子，从鲜活的人一步一步走向生命的衰竭，这种痛，她如何受得了。

老天爷听不到外婆的哭声与祈求，三个月不到，大舅就离世了。

白发人送黑发人，外婆哭得晕倒过去，整日整日吃不下一口饭，每天都靠吊点滴输营养液。

大舅去世也快两年了，现在，每每提到任何有关大舅的事，外婆依然泣不成声，说她那苦命的儿子，为儿为女劳作半辈子，癌症确诊前还在外地打工，都没来得及享享清福就离开了。

有时走在路上，看到与大舅年纪相似的人，外婆会连忙走上前拉住他，以为是大舅回来看她。半夜梦到外公和大舅，醒后睡不着，想起他们在世时的情景，外婆常常一夜哭到天亮。

千行泪，年年愁断肠。

我的外婆，一个饱经风霜的老妇人，从嫁给外公的那天起，就开始与生活抗争，与命运抗争。艰难的生活，坎坷的命运，她坦然接受，日渐习惯。

可是，至亲的人离别，教她如何能习惯？如何能接受？那最终的离别，就这样让彼此生活在阴阳两间，今生今世永远无法再见？

人啊，最难习惯的，还是生离与死别，尤其是至亲之人间。

有些故事里 你并不是主角

午睡半小时不到便被朋友的电话吵醒，被叫去陪她看她男朋友的网球赛。去的路程倒腾了一个多小时，等安然入座，球赛已过半。

虽不情愿，却不得不为之，这是无奈。

人声鼎沸的热腾场面，我向来是避之不及。尤其是宏伟盛大的比赛场面，有万千观众和媒体，我的耳膜与视觉都遭受强烈的冲撞。

如果可以，我更愿意身处无形界线之外，远观线内的喧闹与激情。场面里的激情永远属于参与者，旁观者的欢呼只衬托出场面的盛大和热闹而已。

就像帮助他人放飞风筝，掌握风筝线的是他人，而你仅仅是在风筝尚未飞舞之前将其托住以免掉下，风筝在天空中以不同的姿态狂乱飞舞，掌控风筝的是别人，你只是这个场景恰巧闯进并忽然一现的路人甲乙丙丁，仅此罢了。

有些场景，太过热闹，还是不要参与其中的好。越是众人狂欢，越是提醒自己时刻保持清醒，不要沉湎，即便孤凄难耐。

热闹属于别人，安静只够自己用。

因为沉入极易,脱出极难。像毒品,一试便容易上瘾,戒掉却是万般困难。

有些故事,你不需要当主角,主角让你承载了太多掌声与欢呼,背负过多,轻松不起来。反而是配角,更能让你感到舒适,收放自如,还怡然自得。

人群中,那个走路低着头,永远走在最后的人,做事慢慢腾腾,不急不躁,安安静静不说话,看上去乖巧无比的人,绝对是影子。

表面温顺听话的女子,内心其实都藏匿着一股倔强劲,执着起来,比谁都可怕。影子便是这样的。

情窦初开之时,影子喜欢上了一个三十多岁的大叔,她姐姐的主治医生。

有一次周末大清晨,影子在去往姐姐病房的走道上突然晕倒,恰好被刚刚查病房经过的主治医生扶住,才没有直接倒在冷冰冰的瓷砖上。

后来回忆起来,影子还无限贪恋他的怀抱,真是温暖得如同冬天被太阳晒过的被子,装满了阳光。

给影子检查完,是低血糖,长时间不吃早餐造成的。

主治医生说影子凭着年轻就不顾惜身体的口吻,像极了她爸爸。

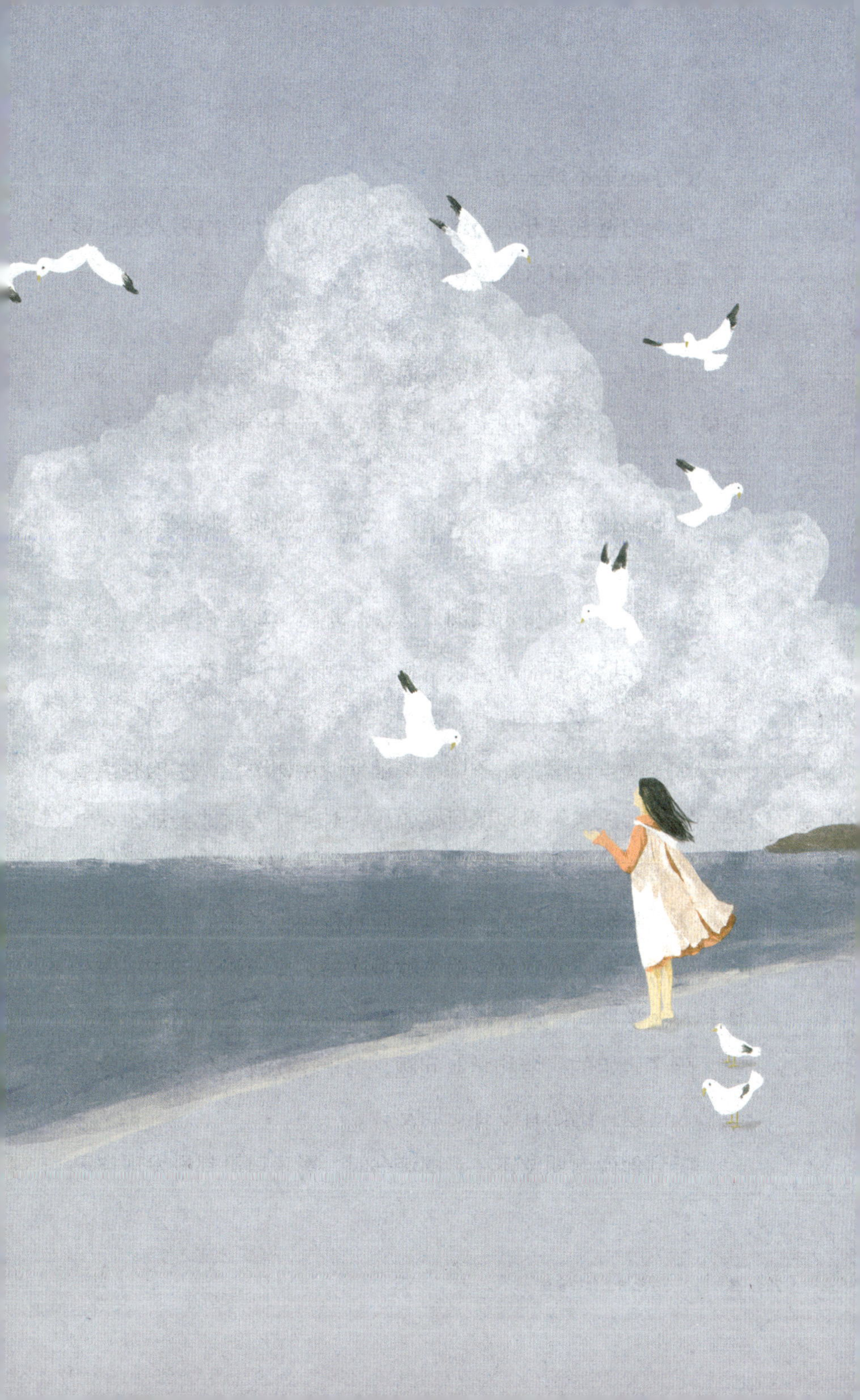

影子心里不禁一动。

影子的爸爸离开后,这还是第一次,有个陌生男人关心影子,虽然关心的口气好像在骂人。

她妈妈一个女人,瘦弱的肩膀扛着一个大公司。白天公司的事忙都忙不过来,晚上空闲了才能赶过来照顾女儿,常常都是十点之后。

平日都是影子一边忙着上课一边照顾姐姐,跑来跑去与医生沟通。

上课时间,姐姐每天的身体状况都是主治医生直接短信给她。这种如朋友间的私密联系多了,两个人便自然熟悉起来。医生和家属的关系不再有,两个人反倒像朋友。

有一次电话里,影子毕恭毕敬地说谢谢医生,主治医生直接生她气,故意不爽地调侃她,只有对待外人时才会那么客气地称呼对方吧。

影子特别不好意思,后来改口直接叫他名字。

有时,在实验室做实验失败多次后,影子还会向主治医生请教。大学期间,理工科出身的主治医生曾经是有名的学霸。

除了姐姐的病情和学业问题,影子还拐弯抹角地和他聊一些私人话题,比如有没有女朋友。

听到他说女朋友还在英国读书时,影子自己都没发现自己的情绪突然低落了。

主治医生还说，等女朋友回来，就跟女朋友求婚。

影子听完，假装开心地说，那就祝你成功啦，等着你的喜糖。

你没机会了，影子无限神伤地对自己说。

毕业聚会，影子和她同学在全市最好的KTV唱歌喝酒。

收到主治医生的短信，以为是姐姐的病情恶化，直接打电话过去才知道是主治医生喝醉了，口齿不清地叫着一个人的名字。

影子知道，那是他女友的名字。医生曾告诉过她。

撇下同学，影子一路狂奔到了医生的家，邻居都快被吵醒了，医生才醉醺醺地打开门。

见到影子，他也惊讶不已。开口说话，却吐了影子一身污秽。

原本和同学相聚的最后一晚，却变成了照顾醉酒的医生。

第二天，医生酒醒后看到沙发上熟睡的影子，内心一阵触动。他下意识地把影子抱回卧室的床上。

那天晚上，影子才知道，一向自律的医生醉酒的原因是女友交了新男友，不打算回国了。

老天又给我机会了。影子在心中默默地对自己说加油。

三个月后,影子姐姐的病情开始好转。

出院后的那天晚上,影子约医生到江边的一个清吧。在清吧里,影子什么话都没说,一直猛喝酒,等到第四杯下肚后,她跑去台上开始唱《表白》,目不转睛地望着医生。

情深似海。

唱完歌,影子走到医生旁边直接吻他。然后才说,我喜欢你很久了。声音不大,刚好医生能听到,周围人听不到的程度。

医生被她疯狂的举动弄得尴尬不已,拉着她的手就走出了清吧。

回去的路上,周围安静如水,只有晚风轻拂。酒精的作用挥发完后,影子不好意思起来,不敢看医生。她的心里怦怦跳个不停,左手却突然被医生偷偷握住。

医生朝她笑,吻她的手说,看不出来,你这么勇敢啊,当众表白当众亲人。影子不说话,之前的勇敢忽然全离她而去了。

两个人在一起大半年了,影子还瞒着她妈和她的朋友们。相差十五岁的年纪,并不是所有人都能一下子接受。

医院的人都知道影子和医生的事,因为影子常常去医院找医生,一个科室的护士医生都认识影子。

每当影子来医院,大家都会笑着说,小高(医生),你小女朋友来了。

这件事一传十十传百，后来传到了影子她妈的耳中。她妈也不问她有没有这回事，直接给了她三个字，不要想。

影子很挫败，向医生抱怨，医生安慰她，等时机成熟，就亲自去拜访你妈。

只是，这时机还处在萌芽未熟阶段时，狂风暴雨来临了。

医生的前女友回来了。

前女友在他面前哭得梨花带雨，求原谅求复合。从护士口中听说影子的存在后，还来找过影子。

影子走的时候说了一句，当初是你抛下他的，现在又来找他，你凭什么？

医生刚开始并不搭理她。

后来，知道她是因为患重病以为没法医治才骗他说分手后，又和前女友重修旧好，在一起了。

影子傻傻地跑到医生面前问为什么。

其实，哪有为什么，不过是不够爱，爱得不深罢了。

一场二个人的剧幕，影子彻头彻尾只是一个配角，主角从始至终都是医生和他女友。

女友临场休息，影子的戏份增多，还自以为从配角升到了主角。

就好像误入了别人家的后花园，以为自己收获了整个秋天一样。

恋情失败后,影子去了那个有极光的国度留学。

新鲜而艰难的时间里,她开始慢慢学会享受一个人的孤单。尤其是从图书馆走回宿舍的那段路。

好像完完全全地属于她自己。

不长也不短的路,总是见证了各种情绪的她。心情糟糕的她,想起往事闷闷不乐的她,突发雀跃的她,失落的她,一个个真实的她。

在这段路上,影子也终于明白,配角永远都抢不了主角的风头,只有重新开始一部新的戏,配角也许才能成为主角。

在有些故事里,你始终做不了主角。这个事实,你不得不承认。

温度又突然上升,仿如回到秋天。

冬天总是与你作对,忽闪忽现。在影子准备好暖暖的手套、厚厚的围巾和大大的棉袄后,它忽然不见了。

秋冬的过渡时节,枫叶也快红了的时候,影子回国了。

也许,是时候去爬趟香山了。影子想。

学会与自己握手言和

房间里贴上的墙纸，冬天时嫌它颜色过于暗淡，影响情绪，于是买了几大卷暖黄色系的小碎花墙纸重新贴上去。

撕掉旧的墙纸时，墙面被我弄得印记斑驳，还将手臂弄得酸痛不已，剪墙纸时，剪刀不小心戳到了指甲缝，流了不少血。

然后，放弃把原先的壁纸干干净净去掉的幼稚想法，直接贴上了新的。没想到，贴壁纸也是一门技术活，贴得东倒西歪，花纹纹路不对称，难看之极。

我的情绪，就是这样一分一分趋向崩溃的。

墙纸，不是随便想撕掉就能撕掉的。用新的覆盖旧的，并不那么完美，任何角度都能轻易觉察到各种小瑕疵。

呈现在眼中的，不过是失败的、不忍观看的、乱糟糟的垃圾。其实是垃圾，也还好。至少能够想扔就扔，不费力气，不留痕迹。

最头疼的，不过是那些看似随便能去掉，结果却发现，你永远没有办法将其去掉的东西。它时时刻刻在你心里捣乱，让你苦苦纠结，为难自己，与自己过不去。

今年春节去姨妈家拜年，我根本不想去的，因为知道他必然会出现。原本可能生活在一起的人，如今只是毫不相干的陌生人，这一点，我始终没办法释怀。

走到离姨妈家几百米远的地方，我的双脚怎么都迈不开步子。表哥说，这是再正常不过的事，你自己心里放不开，看得太重而已。有什么好怕的，我们都在你身边。

姨妈出来迎接我们，我声音颤抖地问，他是不是也来了？

"来了，他们一家人都来了，他带了新女朋友来。"

听到"新女朋友"四个字，我的心彻彻底底地凉了。我觉得自己像打了败仗的士兵，灰头土脸，狼狈不堪，等着被人看扁嘲笑。

他坐在新女朋友的旁边，不知道在说什么，但两个人之间的亲密，我坐那么远都能感受得到。

想起两三个月前，他还在电话中告诉我说开始学着做菜了，以后做给我吃。这是他难得说出口的情话。

那天是晚上八点多，我加完班正走在回家的路上，道路两边的法国梧桐枝繁叶茂，路灯被遮挡，从树叶的细缝中洒下斑驳光影，晚风吹着，很冷，但我心里暖乎乎的。

想不到，这么快，他身边就有了别的女生。

我坐在哥哥姐姐还有舅妈旁边，他们努力想话题和我聊天，避免出现我一个人形单影只坐在那里的尴尬。我心不在焉，眼睛不时地朝他的那个方向瞥去。

太阳太晒，他新女朋友后来坐在我旁边几米之外。他妈妈拿着零食给我吃，然后又走到他女朋友旁边亲热地说了一声，么女。声音不大,但是能让我听到。

曾经,他妈妈也是这样亲热地叫我,脸上笑容灿烂。

想到这里,我心一酸,眼泪差点没流出来,急忙拿起外套掩饰。那天晚上,躺在床上怎么都睡不着,一个人躲在被子里闷头哭,还不能有任何声音,怕妈妈知道。

我们两家相识多年,但我和他之前都不认识,没有见过面,没说过一句话,甚至不知道彼此的存在。

后来相识,居然是通过相亲。

想来,老天的安排也过于巧妙,有些事就是命中注定,那些年不相识,突然闯进彼此的生命,并不长久,最后大家又回到了原点。

刚开始见面,我们都没什么话说,去酒店吃饭的路上,他一个人走在前边,默默地不说话。吃饭时,坐我旁边,也是无言。后来去体育场的公园,好像有了两个人的空间,倒是聊了起来。他虽然内向,但是很纯真。

这一点,又是多么难得的品质。

在相处的过程中,他对我很好,他爸妈对我也非常非常好,看得出来,他们一家人都很喜欢我。有一次,我买了很多零食去他家,吃完晚饭他送我回家时,他爸妈把剩下的零食都给我装好,让我带回家,有一袋酱板的小吃忘记了,他爸爸还特意开着车，送到我家。

后来，我才明白，那时老天对我真是厚爱，能有这样温和谦逊的人牵手一辈子，能有这样明理敦厚的家长，已是最大的幸福。

可当时，处于毕业之际的我，还在一心一意想着我的工作该怎么办，我的同学不是进了 4A 广告公司，就是在全国数一数二的学校继续读研，或是出国深造了。

而我，曾经班上名列前茅、事业心那么强的人，现在居然要在一个小城里过那种一眼望得到头的生活。

我不知道该如何平衡或是消弭这种心中的落差，在刚刚走出校门的时候，我整天郁郁寡欢，患得患失，和他在一起，很少主动说话，脸色还说不上好。

后来，有一天，他受不了了，跟我提出了分手。

那么倔强要强的我，表面上只会佯装不在意，却在两个人道了别，走回家的路上，哭得稀里哗啦。

有时候，我心里想他想得实在受不了了，就假装有事要咨询他，其实只是想和他说说话。后来，我们打算要好好地重新在一起。

我和闺密出去逛街，说起我和他的事，自己都没觉察到自己言谈之中的温柔和甜蜜。闺密说，你真的是很喜欢他。

我没反驳，心里乐着呢。承认这件事，有什么不好？

不过，尽管我自

己都不知道自己是那么那么喜欢他,但很可惜,最后我们还是没能在一起。

然后,出现了他的新女朋友。

后来,我开始陷入一种被负面情绪裹挟着前进的怪圈。

刚开始,我还期待说不定他还喜欢着我,也许某天我还能接到他的电话,告诉我,我们重新开始吧。后来,这种傻傻的期待变成了气愤。

我跟自己说,一定要过得比他好,比他幸福,要让他知道失去我是多么大的损失。可是,结果是自己每天忙于工作疲于奔命,苦逼兮兮。

我开始意识到,有些东西,就算我拼尽一辈子,可能也无法拥有他目前所拥有的一切,包括生活。

在这场战争中,我从头到尾就是个失败者,颜面无存的失败者。

这个认知,让我痛苦不已。

我尝试承认并坦然接受自己的失败,是在被朋友狠狠地骂过一顿后,我知道她是为我好。但是效果也不甚理想。

承认并接受失败,真的很难。

只是就算艰难,我也从没打算中途而废。

一年又快要过去了，发生了那么多的事和那么多的改变。附带而去的还有一直表情潸然的我。落定的终是无法轻易挽回的，还没落定的是茫然的。

在这飘忽不定的岁月中，我想坐下来，试着和自己好好聊聊，学着跟自己握手言和。不纠结过往，也不自我抛弃，不跟自己较劲，也不为难他人。

和自己和解。

尽管生活还是满目疮痍，但至少可以在北风呼呼的夜晚跟自己说句加油。